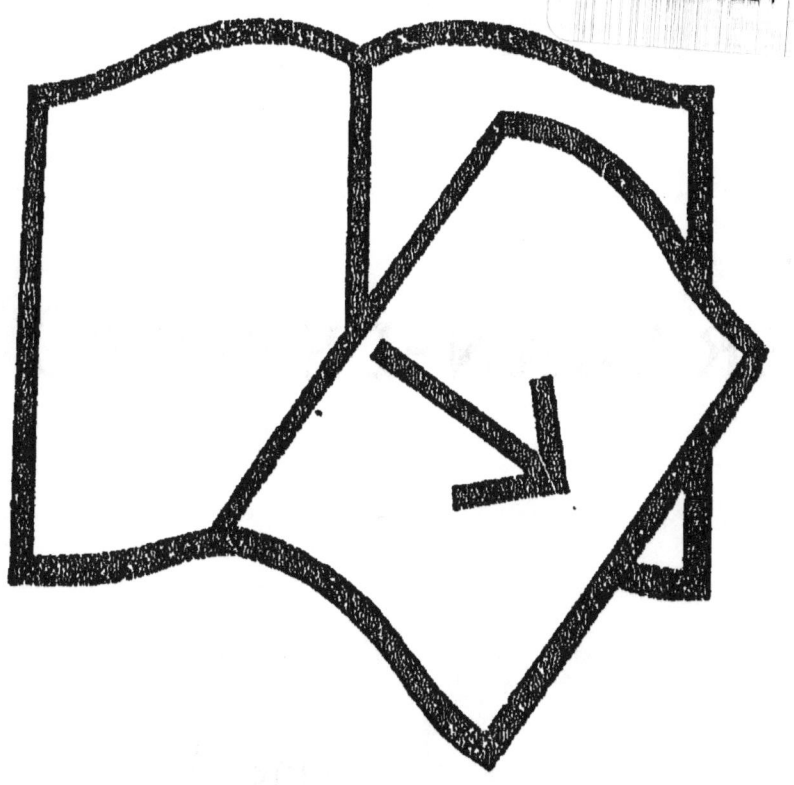

Couvertures supérieure et inférieure manquantes

KÉRABAN-LE-TÊTU

17651

PARIS. — IMPRIMERIE GAUTHIER-VILLARS
55, QUAI DES GRANDS-AUGUSTINS, 55

LES VOYAGES EXTRAORDINAIRES.

Couronnés par l'Académie française

KÉRABAN-LE-TÊTU

PAR

JULES VERNE

DEUXIÈME PARTIE

BIBLIOTHÈQUE
D'ÉDUCATION ET DE RÉCRÉATION
J. HETZEL ET Cie, 18, RUE JACOB
PARIS

Tous droits de traduction et de reproduction réservés.

KÉRABAN-LE-TÊTU

DEUXIÈME PARTIE

I

DANS LEQUEL ON RETROUVE LE SEIGNEUR KÉRABAN, FURIEUX D'AVOIR VOYAGÉ EN CHEMIN DE FER.

On s'en souvient sans doute, Van Mitten, désolé de n'avoir pu visiter les ruines de l'ancienne Colchide, avait manifesté l'intention de se dédommager en explorant le mythologique Phase, qui, sous le nom moins euphonique de Rion, se jette maintenant à Poti dont il forme le petit port sur le littoral de la mer Noire.

En vérité, le digne Hollandais dut régulièrement rabattre encore de ses espérances ! Il s'agissait bien vraiment de s'élancer sur les traces de Jason et des

Argonautes, de parcourir les lieux célèbres où cet audacieux fils d'Eson alla conquérir la Toison d'Or! Non! ce qu'il convenait de faire au plus vite, c'était de quitter Poti, de se lancer sur les traces du seigneur Kéraban, et de le rejoindre à la frontière turco-russe.

De là, nouvelle déception pour Van Mitten. Il était déjà cinq heures du soir. On comptait repartir le lendemain matin, 13 septembre. De Poti, Van Mitten ne put donc voir que le jardin public, où s'élèvent les ruines d'une ancienne forteresse, les maisons bâties sur pilotis, dans lesquelles s'abrite une population de six à sept mille âmes, les larges rues, bordées de fossés, d'où s'échappe un incessant concert de grenouilles, et le port, assez fréquenté, que domine un phare de premier ordre.

Van Mitten ne put se consoler d'avoir si peu de temps à lui qu'en se faisant cette réflexion : c'est qu'à fuir si vite une telle bourgade, située au milieu des marais du Rion et de la Capatcha, il ne risquerait point d'y gagner quelque fièvre pernicieuse, — ce qui est fort à redouter dans les environs malsains de ce littoral.

Pendant que le Hollandais s'abandonnait à ces réflexions de toutes sortes, Ahmet cherchait à remplacer la chaise de poste, qui eût encore rendu de si longs services sans l'inqualifiable imprudence de son propriétaire. Or, de trouver une autre voiture de voyage, neuve ou d'occasion, dans cette petite ville de Poti, il n'y fallait certainement pas compter. Une « perecladnaïa, » une « araba » russes, cela pouvait se rencontrer et la bourse du seigneur Kéraban était là pour payer le prix de l'acquisition quel qu'il fût. Mais ces divers véhicules, ce ne sont en somme que des charrettes plus ou moins primitives, dépourvues de tout confort, et elles n'ont rien de commun avec une berline de voyage. Si vigoureux que soient les chevaux qu'on y attelle, ces charrettes ne sauraient courir avec la vitesse d'une chaise de poste. Aussi que de retards à craindre avant d'avoir achevé ce parcours!

Cependant, il convient d'observer qu'Ahmet n'eut pas même lieu d'être embarrassé sur le choix du véhicule. Ni voitures, ni charrettes! Rien de disponible pour le moment! Or il lui importait de rejoindre au plus tôt son oncle, pour empêcher que son entêtement ne l'engageât encore en quelque déplorable affaire. Il se décida donc à faire à cheval ce trajet d'une vingtaine de lieues, entre Poti et la frontière turco-russe. Il était bon cavalier, cela va de soi, et Nizib l'avait souvent accompagné dans ses promenades. Van Mitten consulté par lui n'était point sans avoir reçu quelques principes d'équitation, et il répondit, sinon de l'habileté fort improbable de Bruno, du moins de son obéissance à le suivre dans ces conditions.

Il fut donc décidé que le départ s'effectuerait le lendemain matin, afin d'atteindre la frontière le soir même.

Cela fait, Ahmet écrivit une longue lettre à l'adresse du banquier Sélim, lettre qui naturellement commençait par ces mots : « Chère Amasia ! » Il lui racontait toutes les péripéties du voyage, quel incident venait de se produire à Poti, pourquoi il avait été séparé de son oncle, comment il comptait le retrouver. Il ajoutait que le retour ne serait en rien retardé par cette aventure, qu'il saurait bien faire marcher bêtes et gens, en se tenant dans la moyenne du temps et du parcours qui lui restaient encore. Donc, instante recommandation de se trouver avec son père et Nedjeb à la villa de Scutari pour la date fixée, et même un peu avant, de manière à ne point manquer au rendez-vous.

Cette lettre, à laquelle se mêlaient les plus tendres compliments pour la jeune fille, le paquebot, qui fait un service régulier de Poti à Odessa, devait l'emporter le lendemain. Donc, avant quarante-huit heures, elle serait arrivée à destination, ouverte, lue jusqu'entre les lignes, et peut-être pressée sur un cœur dont Ahmet croyait bien entendre les battements à l'autre bout de la mer Noire. Le fait est que les deux fiancés se trouvaient alors au plus loin l'un de l'autre, c'est-à-dire aux deux extrémités du grand axe d'une ellipse dont l'intraitable obstination de son oncle obligeait Ahmet à suivre la courbe !

Et tandis qu'il écrivait ainsi pour rassurer, pour consoler Amasia, que faisait Van Mitten ?

Van Mitten, après avoir dîné à l'hôtel, se promenait en curieux dans les rues de Poti, sous les arbres du Jardin Central, le long des quais du port et des jetées, dont la construction s'achevait alors. Mais il était seul. Bruno, cette fois, ne l'avait point accompagné.

Et pourquoi Bruno ne marchait-il pas auprès de son maître, quitte à lui faire de respectueuses mais justes observations sur les complications du présent et les menaces de l'avenir ?

C'est que Bruno avait eu une idée. S'il n'y avait à Poti ni berline ni chaise de poste, il s'y trouverait peut-être une balance. Or, pour ce Hollandais amaigri, c'était là ou jamais l'occasion de se peser, de constater le chiffre de son poids actuel comparé au chiffre de son poids primitif.

Bruno avait donc quitté l'hôtel, ayant eu soin d'emporter, sans en rien dire, le guide de son maître, qui devait lui donner en livres bataves l'évaluation des mesures russes dont il ne connaissait pas la valeur.

Sur les quais d'un port où la douane exerce son office, il y a toujours quelques-unes de ces larges balances, sur les plateaux desquelles un homme peut se peser à l'aise.

Bruno ne fut donc point embarrassé à ce sujet. Moyennant quelques kopeks, les préposés se prêtèrent à sa fantaisie. On mit un poids respectable sur un des plateaux d'une balance, et Bruno, non sans quelque secrète inquiétude, monta sur l'autre.

A son grand déplaisir, le plateau qui supportait le poids, resta adhérent au sol. Bruno, quelque effort qu'il fît pour s'alourdir, — peut-être croyait-il qu'il y réussirait en se gonflant, — ne parvint même pas à l'enlever.

« Diable! dit-il, voilà ce que je craignais! »

Un poids un peu moins fort fut posé sur le plateau à la place du premier... Le plateau ne bougea pas davantage.

« Est-il possible! » s'écria Bruno, qui sentit tout son sang lui refluer au cœur.

En ce moment, son regard s'arrêta sur une bonne figure, toute empreinte de bienveillance à son égard.

« Mon maître! » s'écria-t-il.

C'était Van Mitten, en effet, que les hasards de sa promenade venaient de conduire sur le quai, précisément à l'endroit où les préposés opéraient pour le compte de son serviteur.

« Mon maître, répéta Bruno, vous ici?

— Moi-même, répondit Van Mitten. Je vois avec plaisir que tu es en train de...

— De me peser... oui!

— Et le résultat de cette opération?...

— Le résultat de cette opération, c'est que je ne sais pas s'il existe des poids assez faibles pour indiquer ce que je pèse à l'heure qu'il est! »

Et Bruno fit cette réponse avec une si douloureuse expression de physionomie que le reproche alla jusqu'au cœur de Van Mitten.

« Quoi! dit celui-ci, depuis que nous sommes

partis, tu aurais maigri à ce point, mon pauvre Bruno?

— Vous allez en juger, mon maître! »

En effet, on venait de placer, dans le plateau de la balance, un troisième poids très inférieur aux deux autres.

Cette fois, Bruno le souleva peu à peu, — ce qui mit les deux plateaux en équilibre sur une même ligne horizontale.

« Enfin! dit Bruno, mais quel est ce poids?

— Oui! quel est ce poids? » répondit Van Mitten. Cela faisait tout juste, en mesures russes, quatre pounds, pas un de plus, pas un de moins.

Aussitôt Van Mitten de prendre le guide que lui tendait Bruno et de se reporter à la table de comparaison entre les diverses mesures des deux pays.

« Eh bien, mon maître? demanda Bruno, en proie à une curiosité mêlée d'une certaine angoisse, que vaut le pound russe?

— Environ seize ponds et demi de Hollande, répondit Van Mitten, après un petit calcul mental.

— Ce qui fait?...

— Ce qui fait exactement soixante-quinze ponds et demi, ou cent cinquante et une livres! »

Bruno poussa un cri de désespoir, et, s'élançant

hors du plateau de la balance, dont l'autre plateau vint brusquement frapper le sol, il tomba sur un banc, à demi-pâmé.

« Cent cinquante et une livres! » répétait-il, comme s'il eût perdu là près d'un neuvième de sa vie.

En effet, à son départ, Bruno, qui pesait quatre-vingt-quatre ponds, ou cent soixante-huit livres, n'en pesait plus que soixante-quinze et demi, soit cent cinquante et une livres. Il avait donc maigri de dix-sept livres! Et cela en vingt-six jours d'un voyage qui avait été relativement facile, sans véritables privations ni grandes fatigues. Et maintenant que le mal avait commencé, où s'arrêterait-il? Que deviendrait ce ventre que Bruno s'était fabriqué lui-même, qu'il avait mis près de vingt ans à arrondir, grâce à l'observation d'une hygiène bien comprise? De combien tomberait-il au-dessous de cette honorable moyenne, dans laquelle il s'était maintenu jusqu'alors, — surtout à présent que, faute d'une chaise de poste, à travers des contrées sans ressources, avec menaces de fatigues et de dangers, cet absurde voyage allait s'accomplir dans des conditions nouvelles!

Voilà ce que se demanda l'anxieux serviteur de

Van Mitten. Et alors, il se fit dans son esprit, comme une rapide vision d'éventualités terribles, au milieu desquelles apparaissait un Bruno méconnaissable, réduit à l'état de squelette ambulant !

Aussi son parti fut-il pris sans l'ombre d'une hésitation. Il se releva, il entraîna le Hollandais, qui n'aurait pas eu la force de lui résister, et, s'arrêtant sur le quai, au moment de rentrer à l'hôtel :

« Mon maître, dit-il, il y a des bornes à tout, même à la sottise humaine ! Nous n'irons pas plus loin ! »

Van Mitten reçut cette déclaration avec ce calme accoutumé, dont rien ne pouvait le faire se départir.

« Comment, Bruno, dit-il, c'est ici, dans ce coin perdu du Caucase, que tu me proposes de nous fixer ?

— Non, mon maître, non ! Je vous propose tout simplement de laisser le seigneur Kéraban revenir comme il lui conviendra à Constantinople, pendant que nous y retournerons tranquillement par un des paquebots de Poti. La mer ne vous rend point malade, moi non plus, et je ne risque pas d'y maigrir davantage, — ce qui m'arriverait infailliblement, si je continuais à voyager dans ces conditions.

— Ce parti est peut-être sage à ton point de vue, Bruno, répondit Van Mitten, mais au mien, c'est autre chose. Abandonner mon ami Kéraban lorsque les trois quarts du parcours sont déjà faits, cela mérite quelque réflexion!

— Le seigneur Kéraban n'est point votre ami, répondit Bruno. Il est l'ami du seigneur Kéraban, voilà tout. D'ailleurs, il n'est et ne peut être le mien, et je ne lui sacrifierai pas ce qui me reste d'embonpoint pour la satisfaction de ses caprices d'amour-propre! Les trois quarts du voyage sont accomplis, dites-vous; cela est vrai, mais le quatrième quart me paraît offrir bien d'autres difficultés à travers un pays à demi sauvage! Qu'il ne vous soit encore rien survenu de personnellement désagréable, à vous, mon maître, d'accord; mais, je vous le répète, si vous vous obstinez, prenez garde!... Il vous arrivera malheur! »

L'insistance de Bruno à lui prophétiser quelque grave complication dont il ne se tirerait pas sain et sauf ne laissait point de tracasser Van Mitten. Ces conseils d'un fidèle serviteur étaient bien pour l'influencer quelque peu. En effet, ce voyage au delà de la frontière russe, à travers les régions peu fréquentées du pachalik de Trébizonde et de l'Anatolie septentrionale, qui échappent presque entièrement à l'autorité du gouvernement turc, cela valait au moins la peine que l'on regardât à deux fois avant de l'entreprendre. Aussi, étant donné son caractère un peu faible, Van Mitten se sentit-il ébranlé, et Bruno ne fut pas sans s'en apercevoir. Bruno redoubla donc ses instances. Il fit valoir maint argument à l'appui de sa cause, il montra ses habits flottant à la ceinture autour d'un ventre qui s'en allait de jour en jour. Insinuant, persuasif, éloquent même, sous l'empire d'une conviction profonde, il amena enfin son maître à partager ses idées sur la nécessité de séparer son sort du sort de son ami Kéraban.

Van Mitten réfléchissait. Il écoutait avec attention, hochant la tête aux bons endroits. Lorsque cette grave conversation fut achevée, il n'était plus retenu que par la crainte d'avoir une discussion à ce sujet avec son incorrigible compagnon de voyage.

« Eh bien, repartit Bruno, qui avait réponse à tout, les circonstances sont favorables. Puisque le seigneur Kéraban n'est plus là, brûlons la politesse au seigneur Kéraban, et laissons son neveu Ahmet aller le rejoindre à la frontière ! »

Van Mitten secoua la tête négativement.

« A cela, il n'y a qu'un empêchement, dit-il..

— Lequel? demanda Bruno.

— C'est que j'ai quitté Constantinople, à peu près sans argent, et que maintenant, ma bourse est vide!

— Ne pouvez-vous, mon maître, faire venir une somme suffisante de la banque de Constantinople?

— Non, Bruno, c'est impossible! Le dépôt de ce que je possède à Rotterdam ne peut pas être déjà fait...

— En sorte que pour avoir l'argent nécessaire à notre retour ?... demanda Bruno.

— Il faut de toute nécessité que je m'adresse à mon ami Kéraban! » répondit Van Mitten.

Voilà qui n'était pas pour rassurer Bruno. Si son maître revoyait le seigneur Kéraban, s'il lui faisait part de son projet, il y aurait discussion, et Van Mitten ne serait pas le plus fort. Mais comment faire? S'adresser directement au jeune Ahmet? Non! ce serait inutile! Ahmet ne prendrait jamais sur lui de fournir à Van Mitten les moyens d'abandonner son oncle! Donc il n'y fallait point songer.

Enfin, voici ce qui fut décidé entre le maître et le serviteur, après un long débat. On quitterait Poti en compagnie d'Ahmet, on irait rejoindre le seigneur Kéraban à la frontière turco-russe. Là, Van Mitten, sous prétexte de santé, en prévision des fatigues à venir, déclarerait qu'il lui serait impossible de continuer un pareil voyage. Dans ces conditions, son ami Kéraban ne pourrait pas insister, et ne se refuserait pas à lui donner l'argent nécessaire pour qu'il pût revenir par mer à Constantinople.

« N'importe! pensa Bruno, une conversation à ce sujet entre mon maître et le seigneur Kéraban, cela ne laisse pas d'être grave! »

Tous deux revinrent à l'hôtel, où les attendait Ahmet. Ils ne lui dirent rien de leurs projets que celui-ci eût sans doute combattus. On soupa, on dormit. Van Mitten rêva que Kéraban le hachait menu comme chair à pâté. On se réveilla de grand matin, et l'on trouva à la porte quatre chevaux prêts à « dévorer l'espace. »

Une chose curieuse à voir, ce fut la mine de Bruno, lorsqu'il fut mis en demeure d'enfourcher sa monture. Nouveaux griefs à porter au compte du seigneur Kéraban. Mais il n'y avait pas d'autre moyen de voyager. Bruno dut donc obéir. Heureusement, son cheval était un vieux bidet, incapable de s'emballer, et dont il serait facile d'avoir raison. Les deux chevaux de Van Mitten et de Nizib n'étaient pas non plus pour les inquiéter. Seul, Ahmet avait un assez fringant animal; mais, bon cavalier, il ne devait avoir d'autre souci que de modérer sa vitesse, afin de ne point distancer ses compagnons de route.

On quitta Poti à cinq heures du matin. A huit heures, un premier déjeuner était pris dans le bourg de Nikolaja, après une traite de vingt verstes, un second déjeuner à Kintryschi, quinze verstes plus loin, vers onze heures, — et, vers deux heures après midi, Ahmet, après une nouvelle étape de vingt autres verstes, faisait halte à Batoum, dans cette partie du Lazistan septentrional qui appartient à l'empire moscovite.

Ce port était autrefois un port turc, très heureusement situé à l'embouchure du Tchorock, qui est le Bathys des anciens. Il est fâcheux que la Turquie l'ait perdu, car ce port, vaste, pourvu d'un bon ancrage, peut recevoir un grand nombre de bâtiments, même des navires d'un fort tirant d'eau. Quant à la ville, c'est simplement un important bazar, construit en bois, que traverse une rue principale. Mais la main de la Russie s'allonge démesurément sur les régions transcaucasiennes, et elle a saisi Batoum comme elle saisira plus tard les dernières limites du Lazistan.

Là, Ahmet n'était donc pas encore chez lui, comme il y eût été quelques années auparavant. Il lui fallut dépasser Günièh, à l'embouchure du Tchorock, et, à vingt verstes de Batoum, la bourgade de Makrialos, pour atteindre la frontière, dix verstes plus loin.

En cet endroit, au bord de la route, un homme attendait sous l'œil peu paternel d'un détachement de Cosaques, les deux pieds posés sur la limite du sol ottoman, dans un état de fureur plus facile à comprendre qu'à décrire.

C'était le seigneur Kéraban.

Il était six heures du soir, et depuis le minuit de la veille, — instant précis où il avait été rendu à la liberté en dehors du territoire russe, — le seigneur Kéraban ne décolérait pas.

Une assez pauvre cabane, bâtie au flanc de la route, misérablement habitée, mal couverte, mal close, encore plus mal fournie de vivres, lui avait servi d'abri ou plutôt de refuge.

Une demi-verste avant d'y arriver, Ahmet et Van Mitten, ayant aperçu, l'un son oncle, l'autre son ami, avaient pressé leurs chevaux, et ils mirent pied à terre à quelques pas de lui.

Le seigneur Kéraban, allant, venant, gesticulant, se parlant à lui-même ou plutôt se disputant avec lui-même, puisque personne n'était là pour lui tenir tête, ne semblait pas avoir aperçu ses compagnons.

« Mon oncle ! s'écria Ahmet en lui tendant les bras, pendant que Nizib et Bruno gardaient son cheval et celui du Hollandais, mon oncle !

— Mon ami ! » ajouta Van Mitten.

Kéraban leur saisit la main à tous deux, et montrant les Cosaques, qui se promenaient sur la lisière de la route :

« En chemin de fer ! s'écria-t-il. Ces misérables m'ont forcé à monter en chemin de fer !... Moi !... moi ! »

Bien évidemment, d'avoir été réduit à ce mode de locomotion, indigne d'un vrai Turc, c'était ce qui excitait chez le seigneur Kéraban la plus violente irritation ! Non ! il ne pouvait digérer cela ! Sa rencontre avec le seigneur Saffar, sa querelle avec cet insolent personnage et ce qui en était suivi, le bris de sa chaise de poste, l'embarras où il allait se trouver pour continuer son voyage, il oubliait tout devant cette énormité : avoir été en chemin de fer! Lui, un vieux croyant!

« Oui! c'est indigne! répondit Ahmet, qui pensa que c'était ou jamais le cas de ne pas contrarier son oncle.

— Oui, indigne! ajouta Van Mitten, mais, après tout, ami Kéraban, il ne vous est rien arrivé de grave...

— Ah! prenez garde à vos paroles, monsieur Van Mitten! s'écria Kéraban. Rien de grave, dites-vous? »

Un signe d'Ahmet au Hollandais lui indiqua qu'il faisait fausse route. Son vieil ami venait de le traiter de : « Monsieur Van Mitten! » et continuait de l'interpeller de la sorte :

« Me direz-vous ce que vous entendez par ces inqualifiables paroles : rien de grave?

— Ami Kéraban, j'entends qu'aucun de ces accidents habituels aux chemins de fer, ni déraillement, ni tamponnement, ni collision...

— Monsieur Van Mitten, mieux vaudrait avoir déraillé! s'écria Kéraban. Oui! par Allah! mieux vaudrait avoir déraillé, avoir perdu bras, jambes et tête, entendez-vous, que de survivre à pareille honte!

— Croyez bien, ami Kéraban!... reprit Van Mitten, qui ne savait comment pallier ses imprudentes paroles.

— Il ne s'agit pas de ce que je puis croire! répondit Kéraban en marchant sur le Hollandais, mais de ce que vous croyez!... Il s'agit de la façon dont vous envisagez ce qui vient d'arriver à l'homme qui, depuis trente ans, se croyait votre ami! »

Ahmet voulut détourner une conversation dont le plus clair résultat eût été d'empirer les choses.

« Mon oncle, dit-il, je crois pouvoir l'affirmer, vous avez mal compris monsieur Van Mitten...

— Vraiment!

— Ou plutôt monsieur Van Mitten s'est mal exprimé! Tout comme moi, il ressent une indignation profonde pour le traitement que ces maudits Cosaques vous ont infligé! »

Heureusement, tout cela était dit en turc, et les « maudits Cosaques » n'y pouvaient rien comprendre.

« Mais, en somme, mon oncle, c'est à un autre qu'il faut faire remonter la cause de tout cela! C'est un autre qui est responsable de ce qui vous est arrivé! C'est l'impudent personnage qui a fait obstacle à votre passage au railway de Poti! C'est ce Saffar!...

— Oui! ce Saffar! s'écria Kéraban, très opportunément lancé par son neveu sur cette nouvelle piste.

— Mille fois oui, ce Saffar! se hâta d'ajouter Van Mitten. C'est là ce que je voulais dire, ami Kéraban!

— L'infâme Saffar! dit Kéraban.

— L'infâme Saffar! » répéta Van Mitten en se mettant au diapason de son interlocuteur.

Il aurait même voulu employer un qualificatif plus énergique encore, mais il n'en trouva pas.

« Si nous le rencontrons jamais!... dit Ahmet.

— Et ne pouvoir retourner à Poti! s'écria Kéraban, pour lui faire payer son insolence, le provoquer, lui arracher l'âme du corps, le livrer à la main du bourreau!...

— Le faire empaler!... » crut devoir ajouter Van Mitten, qui se faisait féroce pour reconquérir une amitié compromise.

Et cette proposition, si bien turque, on en conviendra, lui valut un serrement de main de son ami Kéraban.

« Mon oncle, dit alors Ahmet, il serait inutile, en

ce moment, de se mettre à la recherche de ce Saffar!

— Et pourquoi, mon neveu?

— Ce personnage n'est plus à Poti, reprit Ahmet. Quand nous y sommes arrivés, il venait de s'embarquer sur le paquebot qui fait le service du littoral de l'Asie Mineure.

— Le littoral de l'Asie Mineure! s'écria Kéraban. Mais notre itinéraire ne suit-il pas ce littoral?

— En effet, mon oncle!

— Eh bien! si l'infâme Saffar, répondit Kéraban, se rencontre sur mon chemin, *Vallah-billah tielah!* Malheur à lui! »

Après avoir prononcé cette formule qui est le « serment de Dieu, » le seigneur Kéraban ne pouvait rien dire de plus terrible : il se tut.

Mais comment voyagerait-on, maintenant que la chaise de poste manquait aux voyageurs? De suivre la route à cheval, cela ne pouvait sérieusement se proposer au seigneur Kéraban. Sa corpulence s'y opposait. S'il eût souffert du cheval, le cheval aurait encore plus souffert de lui. Il fut donc convenu que l'on se rendrait à Choppa, la bourgade la plus rapprochée. Ce n'était que quelques verstes à faire, et Kéraban les ferait à pied, — Bruno aussi, car il était tellement moulu qu'il n'aurait pu réenfourcher sa monture.

« Et cette demande d'argent dont vous devez parler?... dit-il à son maître qu'il avait tiré à part.

— A Choppa! » répondit Van Mitten.

Et il ne voyait pas sans quelque inquiétude approcher le moment où il devrait toucher cette question délicate.

Quelques instants après, les voyageurs descendaient la route dont la pente côtoie les rivages du Lazistan.

Une dernière fois, le seigneur Kéraban se retourna pour montrer le poing aux Cosaques, qui l'avaient si désobligeamment embarqué, — lui! — dans un wagon de chemin de fer, et, au détour de la côte, il perdit de vue la frontière de l'empire moscovite.

II

DANS LEQUEL VAN MITTEN SE DÉCIDE A CÉDER AUX OBSESSIONS DE BRUNO, ET CE QUI S'ENSUIT.

« Un singulier pays ! écrivait Van Mitten sur son carnet de voyage, en notant quelques impressions prises au vol. Les femmes travaillent à la terre, portent les fardeaux, tandis que les hommes filent le chanvre et tricotent la laine ! »

Et le bon Hollandais ne se trompait pas. Cela se passe encore ainsi dans cette lointaine province du Lazistan, en laquelle commençait la seconde partie de l'itinéraire.

C'est un pays encore peu connu, ce territoire qui part de la frontière caucasienne, cette portion de l'Arménie turque, comprise entre les vallées du Charchout, du Tschorock et le rivage de la Mer Noire. Peu de voyageurs, depuis le Français Th. Deyrolles, se sont aventurés à travers ces districts du pachalik de Trébizonde, entre ces montagnes de moyenne altitude, dont l'écheveau s'embrouille confusément jusqu'au lac de Van, et enserre la capitale de l'Arménie, cette Erzeroum, chef-lieu d'un villayet qui compte plus de douze cent mille habitants.

Et cependant, ce pays a vu s'accomplir de grands faits historiques. En quittant ces plateaux où les deux branches de l'Euphrate prennent leur source, Xénophon et ses Dix Mille, reculant devant les armées d'Artaxerce Mnémon, arrivèrent sur le bord du Phase. Ce Phase n'est point le Rion qui se jette à Poti : c'est le Kour, descendu de la région caucasienne, et il ne coule pas loin de ce Lazistan à travers lequel le seigneur Kéraban et ses compagnons allaient maintenant s'engager.

Ah! si Van Mitten en avait eu le temps, quelles observations précieuses il aurait sans doute faites et qui sont perdues pour les érudits de la Hollande! Et pourquoi n'aurait-il pas retrouvé l'endroit précis où Xénophon, général, historien, philosophe, livra bataille aux Taoques et aux Chalybes en sortant du pays des Karduques, et ce mont Chenium, d'où les Grecs saluèrent de leurs acclamations les flots si désirés du Pont-Euxin?

Mais Van Mitten n'avait ni le temps de voir ni le

loisir d'étudier, ou plutôt on ne le lui laissait pas. Et alors Bruno de revenir à la charge, de relancer son maître, afin que celui-ci empruntât au seigneur Kéraban ce qu'il fallait pour se séparer de lui.

« A Choppa ! » répondait invariablement Van Mitten.

On se dirigea donc vers Choppa. Mais là, trouverait-on un moyen de locomotion, un véhicule quelconque, pour remplacer la confortable chaise, brisée au railway de Poti?

C'était une assez grave complication. Il y avait encore près de deux cent cinquante lieues à faire, et dix-sept jours seulement jusqu'à cette date du 30 courant. Or, c'était à cette date que le seigneur Kéraban devait être de retour! C'était à cette date qu'Ahmet comptait retrouver à la villa de Scutari la jeune Amasia qui l'y attendrait pour la célébration du mariage! On comprend donc que l'oncle et le neveu fussent non moins impatients l'un que l'autre. De là, un très sérieux embarras sur la manière dont s'accomplirait cette seconde moitié du voyage.

De retrouver une chaise de poste ou tout simplement une voiture dans ces petites bourgades perdues de l'Asie Mineure, il n'y fallait point compter.

Force serait de s'accommoder de l'un des véhicules du pays, et cet appareil de locomotion ne pourrait être que des plus rudimentaires.

Ainsi donc, soucieux et pensifs, allaient, sur le chemin du littoral, le seigneur Kéraban à pied, Bruno traînant par la bride son cheval et celui de son maître qui préférait marcher à côté de son ami; Nizib, monté et tenant la tête de la petite caravane. Quant à Ahmet, il avait pris les devants, afin de préparer les logements à Choppa, et faire l'acquisition d'un véhicule, de manière à repartir au soleil levant.

La route se fit lentement et en silence. Le seigneur Kéraban couvait intérieurement sa colère, qui se manifestait par ces mots souvent répétés : « Cosaques, railway, wagon, Saffar! » Lui, Van Mitten, guettait l'occasion de s'ouvrir à qui de droit de ses projets de séparation; mais il n'osait, ne trouvant pas le moment favorable, dans l'état où était son ami qui se fût enlevé au moindre mot.

On arriva à Choppa à neuf heures du soir. Cette étape, faite à pied, exigeait le repos de toute une nuit. L'auberge était médiocre; mais, la fatigue aidant, tous y dormirent leurs dix heures consécutives, tandis qu'Ahmet, le soir même, se mettait en campagne pour trouver un moyen de transport.

Le lendemain, 14 septembre, à sept heures, une araba était tout attelée devant la porte de l'auberge.

Ah! qu'il y avait lieu de regretter l'antique chaise de poste, remplacée par une sorte de charrette grossière, montée sur deux roues, dans laquelle trois personnes pouvaient à peine trouver place! Deux chevaux à ses brancards, ce n'était pas trop pour enlever cette lourde machine. Très heureusement, Ahmet avait pu faire recouvrir l'araba d'une bâche imperméable, tendue sur des cercles de bois, de manière à tenir contre le vent et la pluie. Il fallait donc s'en contenter en attendant mieux ; mais il n'était pas probable que l'on pût se rendre à Trébizonde en plus confortable et plus rapide équipage.

On le comprendra aisément : à la vue de cette araba, Van Mitten, si philosophe qu'il fût, et Bruno, absolument éreinté, ne purent dissimuler une certaine grimace qu'un simple regard du seigneur Kéraban dissipa en un instant.

« Voilà tout ce que j'ai pu trouver, mon oncle! dit Ahmet en montrant l'araba.

— Et c'est tout ce qu'il nous faut ! répondit Kéraban, qui, pour rien au monde, n'eût voulu laisser voir l'ombre d'un regret à l'endroit de son excellente chaise de poste.

— Oui... reprit Ahmet, avec une bonne litière de paille dans cette araba...

— Nous serons comme des princes, mon neveu!

— Des princes de théâtre! murmura Bruno.

— Hein? fit Kéraban.

— D'ailleurs, reprit Ahmet, nous ne sommes plus qu'à cent soixante agatchs[1] de Trébizonde, et là, j'y compte bien, nous pourrons nous refaire un meilleur équipage.

— Je répète que celui-ci suffira! » dit Kéraban, en observant, sous son sourcil froncé, s'il surprendrait au visage de ses compagnons l'apparence d'une contradiction.

Mais tous, écrasés par ce formidable regard s'étaient fait une figure impassible.

Voici ce qui fut convenu : le seigneur Kéraban, Van Mitten et Bruno devaient prendre place dans l'araba, dont l'un des chevaux serait monté par le postillon, chargé du soin de relayer après chaque étape; Ahmet et Nizib, très habitués aux fatigues de l'équitation, suivraient à cheval. On espérait ainsi ne point éprouver trop de retard jusqu'à Trébi-

---

1. Environ soixante lieues.

zonde. Là, dans cette importante ville, on aviserait au moyen de terminer ce voyage le plus confortablement possible.

Le seigneur Kéraban donna donc le signal du départ, après que l'araba eut été munie de quelques vivres et ustensiles, sans compter les deux narghilés, heureusement sauvés de la collision, et qui furent mis à la disposition de leurs propriétaires. D'ailleurs, les bourgades de cette partie du littoral sont assez rapprochées les unes des autres. Il est même rare que plus de quatre à cinq lieues les séparent. On pourrait donc facilement se reposer ou se ravitailler, en admettant que l'impatient Ahmet consentît à accorder quelques heures de repos et surtout que les douckhans des villages fussent suffisamment approvisionnés.

« En route! » répéta Ahmet après son oncle, qui avait déjà pris place dans l'araba.

En ce moment, Bruno s'approcha de Van Mitten, et d'un ton grave, presque impérieux :

« Mon maître, dit-il, et cette proposition que vous devez faire au seigneur Kéraban?

— Je n'ai pas encore trouvé l'occasion, répondit évasivement Van Mitten. D'ailleurs, il ne me paraît pas très bien disposé...

« — Ainsi, nous allons monter là-dedans? reprit Bruno en désignant l'araba d'un geste de profond dédain !

— Oui... provisoirement !

— Mais quand vous déciderez-vous à faire cette demande d'argent de laquelle dépend notre liberté?

— A la prochaine bourgade, répondit Van Mitten.

— A la prochaine bourgade?...

— Oui! à Archawa! »

Bruno hocha la tête en signe de désapprobation et s'installa derrière son maître au fond de l'araba. La lourde charrette partit d'un assez bon trot sur les pentes de la route.

Le temps laissait à désirer. Des nuages, d'apparence orageuse, s'amoncelaient dans l'ouest. On sentait, au delà de l'horizon, certaines menaces de bourrasque. Cette portion de la côte, battue de plein fouet par les courants atmosphériques venus du large, ne devait pas être facile à suivre; mais on ne commande pas au temps, et les fatalistes fidèles de Mahomet savent mieux que tous autres le prendre comme il vient. Toutefois, il était à craindre que la mer Noire ne continuât pas à justifier longtemps son nom grec de *Pontus Euxinus*, le « bien hospitalier, » mais plutôt son nom turc de *Kara Dequitz*, qui est de moins bon augure.

Fort heureusement, ce n'était point la partie élevée et montagneuse du Lazistan que coupait l'itinéraire adopté. Là, les routes manquent absolument, et il faut s'aventurer à travers des forêts que la hache du bûcheron n'a point encore aménagées. Le passage de l'araba y eût été à peu près impossible. Mais la côte est plus praticable, et le chemin n'y fait jamais défaut d'une bourgade à l'autre. Il circule au milieu des arbres fruitiers, sous l'ombrage des noyers, des châtaigniers, entre les buissons de lauriers et de rosiers des Alpes, enguirlandés par les inextricables sarments de la vigne sauvage.

Toutefois, si cette lisière du Lazistan offre un passage assez facile aux voyageurs, elle n'est pas saine dans ses parties basses. Là s'étendent des marécages pestilentiels; là règne le typhus à l'état endémique, depuis le mois d'août jusqu'au mois de mai. Par bonheur pour le seigneur Kéraban et les siens, on était en septembre, et leur santé ne courait plus aucun risque. Des fatigues, oui! des maladies, non! Or, si on ne se guérit pas toujours, on peut toujours se reposer. Et lorsque le plus entêté des Turcs raisonnait ainsi, ses compagnons ne pouvaient rien avoir à lui répondre.

L'araba s'arrêta à la bourgade d'Archawa, vers neuf heures du matin. On se mit en mesure d'en repartir une heure après, sans que Van Mitten eût trouvé le joint pour toucher un mot de ses fameux projets d'emprunt à son ami Kéraban.

De là, cette demande de Bruno :

« Eh bien, mon maître, est-ce fait ?...

— Non, Bruno, pas encore.

— Mais il serait temps de... .

— A la prochaine bourgade !

— A la prochaine bourgade ?..

— Oui, à Witse. »

Et Bruno, qui, au point de vue pécuniaire, dépendait de son maître comme son maître dépendait du seigneur Kéraban, reprit place dans l'araba, non sans dissimuler, cette fois, sa mauvaise humeur.

« Qu'a-t-il donc, ce garçon ? demanda Kéraban.

— Rien, se hâta de répondre Van Mitten, pour détourner la conversation. Un peu fatigué, peut-être !

— Lui ! répliqua Kéraban. Il a une mine superbe ! Je trouve même qu'il engraisse !

— Moi ! s'écria Bruno, touché au vif.

« — Oui! il a des dispositions à devenir un beau et bon Turc, de majestueuse corpulence! »

Van Mitten saisit le bras de Bruno qui allait éclater à ce compliment, si inopportunément envoyé, et Bruno se tut.

Cependant, l'araba se maintenait en bonne allure. Sans les cahots qui provoquaient de violentes secousses à l'intérieur, lesquelles se traduisaient par des contusions plus désagréables que douloureuses, il n'y aurait rien eu à dire.

La route n'était pas déserte. Quelques Lazes la parcouraient, descendant les rampes des Alpes Pontiques, pour les besoins de leur industrie ou de leur commerce. Si Van Mitten eût été moins préoccupé de son « interpellation, » il aurait pu noter sur ses tablettes les différences de costume qui existent entre les Caucasiens et les Lazes. Une sorte de bonnet phrygien, dont les brides sont enroulées autour de la tête en manière de coiffure, remplace la calotte géorgienne. Sur la poitrine de ces montagnards, grands, bien faits, blancs de teint, élégants et souples, s'écartèlent les deux cartouchières disposées comme les tuyaux d'une flûte de Pan. Un fusil court de canon, un poignard à large lame, fiché dans une ceinture bordée de cuivre, constituent leur armement habituel.

Quelques âniers suivaient aussi la route et transportaient aux villages maritimes les productions en fruits de toutes les espèces, qui se récoltent dans la zone moyenne.

En somme, si le temps eût été plus sûr, le ciel moins menaçant, les voyageurs n'auraient point eu trop à se plaindre du voyage, même fait dans ces conditions.

A onze heures du matin, ils arrivèrent à Witse sur l'ancien Pyxites, dont le nom grec « buis » est suffisamment justifié par l'abondance de ce végétal aux environs. Là, on déjeuna sommairement, — trop sommairement, paraît-il, au gré du seigneur Kéraban, — qui, cette fois, laissa échapper un grognement de mauvaise humeur.

Van Mitten ne trouva donc pas encore là l'occasion favorable pour lui toucher deux mots de sa petite affaire. Et, au moment de partir, lorsque Bruno, le tirant à part, lui dit :

« Eh bien, mon maître ?

— Eh bien, Bruno, à la bourgade prochaine.

— Comment?

— Oui! à Artachen ! »

Et Bruno, outré d'une telle faiblesse, se coucha

en grommelant au fond de l'araba, tandis que son maître jetait un coup d'œil ému à ce romantique paysage, où se retrouvait toute la propreté hollandaise unie au pittoresque italien.

Il en fut d'Artachen comme de Witse et d'Archawa. On y relaya à trois heures du soir ; on en repartit à quatre ; mais, sur une sérieuse mise en demeure de Bruno, qui ne lui permettait plus de temporiser, son maître s'engagea à faire sa demande, avant d'arriver à la bourgade d'Atina, où il avait été convenu que l'on passerait la nuit.

Il y avait cinq lieues à enlever pour atteindre cette bourgade, — ce qui porterait à une quinzaine de lieues le parcours fait dans cette journée. En vérité, ce n'était pas mal pour une simple charrette ; mais la pluie, qui menaçait de tomber, allait la retarder, sans doute, en rendant la route peu praticable.

Ahmet ne voyait pas sans inquiétude la période du mauvais temps s'accuser avec cette obstination. Les nuages orageux grossissaient au large. L'atmosphère alourdie rendait la respiration difficile. Très certainement, dans la nuit ou le soir, un orage éclaterait en mer. Après les premiers coups de foudre, l'espace, profondément troublé par les décharges électriques, serait balayé à coups de bourrasque, et la bourrasque ne se déchaînerait pas sans que les vapeurs ne se résolussent en pluie.

Or, trois voyageurs, c'était tout ce que pouvait contenir l'araba. Ni Ahmet, ni Nizib ne pourraient chercher un abri sous sa toile, qui, d'ailleurs, ne résisterait peut-être pas aux assauts de la tourmente. Donc pour les cavaliers aussi bien que pour les autres, il y avait urgence à gagner la prochaine bourgade.

Deux ou trois fois, le seigneur Kéraban passa la tête hors de la bâche et regarda le ciel, qui se chargeait de plus en plus.

« Du mauvais temps? fit-il.

— Oui, mon oncle, répondit Ahmet. Puissions-nous arriver au relais avant que l'orage n'éclate!

— Dès que la pluie commencera à tomber, reprit Kéraban, tu nous rejoindras dans la charrette.

— Et qui me cédera sa place?

— Bruno ! Ce brave garçon prendra ton cheval...

— Certainement, » ajouta vivement Van Mitten, qui aurait eu mauvaise grâce à refuser... pour son fidèle serviteur.

Mais que l'on tienne pour certain qu'il ne le regarda pas en faisant cette réponse. Il ne l'aurait pas osé. Bruno devait se tenir à quatre pour ne point faire explosion. Son maître le sentait bien.

« Le mieux est de nous dépêcher, reprit Ahmet. Si la tempête se déchaîne, les toiles de l'araba seront traversées en un instant, et la place n'y sera plus tenable.

— Presse ton attelage, dit Kéraban au postillon, et ne lui épargne pas les coups de fouet! »

Et, de fait, le postillon, qui n'avait pas moins hâte que ses voyageurs d'arriver à Atina, ne les épargnait guère. Mais les pauvres bêtes, accablées par la lourdeur de l'air, ne pouvaient se maintenir au trot sur une route que le macadam n'avait pas encore nivelée.

Combien le seigneur Kéraban et les siens durent envier le « tchapar, » dont l'équipage croisa leur araba vers les sept heures du soir! C'était le courrier anglais qui, toutes les deux semaines, transporte à Téhéran les dépêches de l'Europe. Il n'emploie que douze jours pour se rendre de Trébizonde à la capitale de la Perse, avec les deux ou trois chevaux qui portent ses valises, et les quelques zaptiés qui l'escortent. Mais, aux relais, on lui doit la préférence sur tous autres voyageurs, et Ahmet dut craindre, en arrivant à Atina, de n'y plus trouver que des chevaux épuisés.

Par bonheur, cette pensée ne vint point au seigneur Kéraban. Il aurait eu là une occasion toute naturelle d'exhaler de nouvelles plaintes, et en eût profité, sans doute!

Peut-être, d'ailleurs, cherchait-il cette occasion. Eh bien, elle lui fut enfin fournie par Van Mitten.

Le Hollandais, ne pouvant plus reculer devant les promesses faites à Bruno, se hasarda enfin à s'exécuter, mais en y mettant toute l'adresse possible. Le mauvais temps qui menaçait lui parut être un excellent exorde pour entrer en matière.

« Ami Kéraban, dit-il tout d'abord, du ton d'un homme qui ne veut point donner de conseil, mais qui en demande plutôt, que pensez-vous de cet état de l'atmosphère?

— Ce que j'en pense?...

— Oui!... Vous le savez, nous touchons à l'équinoxe d'automne, et il est à craindre que notre voyage ne soit pas aussi favorisé pendant la seconde partie que pendant la première!

— Eh bien, nous serons moins favorisés, voilà tout! répondit Kéraban d'une voix sèche. Je n'ai pas le pouvoir de modifier à mon gré les conditions atmosphériques! Je ne commande pas aux éléments, que je sache, Van Mitten!

— Non... évidemment, répliqua le Hollandais, que ce début n'encourageait guère. Ce n'est pas ce que je veux dire, mon digne ami!

— Que voulez-vous dire, alors?

— Qu'après tout, ce n'est peut-être là qu'une apparence d'orage ou tout au plus un orage qui passera...

— Tous les orages passent, Van Mitten! Ils durent plus ou moins longtemps,.... comme les discussions, mais ils passent,... et le beau temps leur succède... naturellement!

— A moins, fit observer Van Mitten, que l'atmosphère ne soit si profondément troublée!... Si ce n'était pas la période de l'équinoxe...

— Quand on est dans l'équinoxe, répondit Kéraban, il faut bien se résigner à y être! Je ne peux pas faire que nous ne soyons dans l'équinoxe!... On dirait, Van Mitten, que vous me le reprochez?

— Non!... Je vous assure... Vous reprocher... moi, ami Kéraban, » répondit Van Mitten. »

L'affaire s'engageait mal, c'était trop évident. Peut-être, s'il n'avait eu derrière lui Bruno, dont il entendait les sourdes incitations, peut-être Van Mitten eût-il abandonné cette conversation dangereuse, quitte à la reprendre plus tard. Mais il n'y avait plus moyen de reculer, — d'autant moins que Kéraban, l'interpellant, d'une façon directe, cette fois, lui dit en fronçant le sourcil :

« Qu'avez-vous donc, Van Mitten? On croirait que vous avez une arrière-pensée?

— Moi?

— Oui, vous! Voyons! Expliquez-vous franchement! Je n'aime pas les gens qui vous font mauvaise mine, sans dire pourquoi!

— Moi! vous faire mauvaise mine?

— Avez-vous quelque chose à me reprocher? Si je vous ai invité à dîner à Scutari, est-ce que je ne vous conduis pas à Scutari? Est-ce ma faute, si ma chaise a été brisée sur ce maudit chemin de fer? »

Oh! oui! c'était sa faute et rien que sa faute! Mais le Hollandais se garda bien de le lui reprocher!

« Est-ce ma faute, si le mauvais temps nous menace, quand nous n'avons plus qu'une araba pour tout véhicule? Voyons! parlez! »

Van Mitten, troublé, ne savait déjà plus que

répondre. Il se borna donc à demander à son peu endurant compagnon s'il comptait rester soit à Atina, soit même à Trébizonde, au cas où le mauvais temps rendrait le voyage trop difficile.

« Difficile ne veut pas dire impossible, n'est-ce pas? répondit Kéraban, et comme j'entends être arrivé à Scutari pour la fin du mois, nous continuerons notre route, quand bien même tous les éléments seraient conjurés contre nous! »

Van Mitten fit appel alors à tout son courage, et formula, non sans une évidente hésitation dans la voix, sa fameuse proposition.

« Eh bien, ami Kéraban, dit-il, si cela ne vous contrarie pas trop, je vous demanderai, pour Bruno et pour moi, la permission... oui... la permission de rester à Atina.

— Vous me demandez la permission de rester à Atina?... répondit Kéraban en scandant chaque syllabe.

— Oui... la permission... l'autorisation,... car je ne voudrais rien faire sans votre aveu... de... de...

— De nous séparer, n'est-ce pas?

— Oh! temporairement... très temporairement!... se hâta d'ajouter Van Mitten. Nous sommes bien fatigués, Bruno et moi! Nous préférerions revenir par mer à Constantinople... oui!... par mer...

— Par mer?

— Oui... ami Kéraban... Oh! je sais que vous n'aimez pas la mer!... Je ne dis pas cela pour vous contrarier!... Je comprends très bien que l'idée de faire une traversée quelconque vous soit désagréable!... Aussi, je trouve tout naturel que vous continuiez à suivre la route du littoral!... Mais la fatigue commence à me rendre ce déplacement trop pénible... et,... à le bien regarder, Bruno maigrit!...

— Ah!... Bruno maigrit! dit Kéraban, sans même se retourner vers l'infortuné serviteur, qui, d'une main fébrile, montrait ses vêtements flottant sur son corps émacié.

— C'est pourquoi, ami Kéraban, reprit Van Mitten, je vous prie de ne pas trop nous en vouloir, si nous restons à la bourgade d'Atina, d'où nous gagnerons l'Europe dans des conditions plus acceptables!... Je vous le répète, nous vous retrouverons à Constantinople... ou plutôt à Scutari, oui... à Scutari, et ce n'est pas moi qui me ferai attendre pour le mariage de mon jeune ami Ahmet! »

Van Mitten avait dit tout ce qu'il voulait dire. Il attendait la réponse du seigneur Kéraban. Serait-ce un simple acquiescement à une demande si naturelle, ou se formulerait-elle par quelque prise à partie dans un éclat de colère?

Le Hollandais courbait la tête, sans oser lever les yeux sur son terrible compagnon.

« Van Mitten, répondit Kéraban d'un ton plus calme qu'on n'aurait pu l'espérer, Van Mitten, vous voudrez bien admettre que votre proposition ait lieu de m'étonner, et qu'elle soit même de nature à provoquer...

— Ami Kéraban!... s'écria Van Mitten, qui sur ce mot, crut à quelque violence imminente.

— Laissez-moi achever, je vous prie! dit Kéraban. Vous devez bien penser que je ne puis voir cette séparation sans un réel chagrin! J'ajoute même que je ne me serais pas attendu à cela de la part d'un correspondant, lié à moi par trente ans d'affaires...

— Kéraban! fit Van Mitten.

— Eh! par Allah! laissez-moi donc achever! s'écria Kéraban, qui ne put retenir ce mouvement si naturel chez lui. Mais, après tout, Van Mitten, vous êtes libre! Vous n'êtes ni mon parent ni mon serviteur! Vous n'êtes que mon ami, et un ami peut tout se permettre, même de briser les liens d'une vieille amitié!

— Kéraban!... mon cher Kéraban!... répondit Van Mitten, très ému de ce reproche.

— Vous resterez donc à Atina, s'il vous plaît de rester à Atina, ou même à Trébizonde, s'il vous plaît de rester à Trébizonde! »

Et là-dessus, le seigneur Kéraban s'accota dans son coin, comme un homme qui n'a plus auprès de lui que des indifférents, des étrangers, dont le hasard seul a fait ses compagnons de voyage.

En somme, si Bruno était enchanté de la tournure qu'avaient prise les choses, Van Mitten ne laissait pas d'être très chagriné d'avoir causé cette peine à son ami. Mais enfin, son projet avait réussi, et, bien que l'idée lui en vînt peut-être, il ne pensa pas qu'il y eût lieu de retirer sa proposition. D'ailleurs, Bruno était là.

Restait alors la question d'argent, l'emprunt à contracter pour être en mesure, soit de demeurer quelque temps dans le pays, soit d'achever le voyage dans d'autres conditions. Cela ne pouvait faire difficulté. L'importante part qui revenait à Van Mitten dans sa maison de Rotterdam, allait être prochainement versée à la banque de Constantinople, et le seigneur Kéraban n'aurait qu'à se rembourser de la somme prêtée au moyen du chèque que lui donnerait le Hollandais.

« Ami Kéraban? dit Van Mitten, après quelques minutes d'un silence qui ne fut interrompu par personne.

— Qu'y a-t-il encore, monsieur? demanda Kéraban, comme s'il eût répondu à quelque importun.

— En arrivant à Atina!... reprit Van Mitten, que ce mot de « monsieur » avait frappé au cœur.

— Eh bien, en arrivant à Atina, répondit Kéraban, nous nous séparerons!... C'est convenu!

— Oui, sans doute... Kéraban! »

En vérité, il n'osa pas dire : mon ami Kéraban!

« Oui... sans doute... Aussi je vous prierai de me laisser quelque argent...

— De l'argent! Quel argent?...

— Une petite somme... dont vous vous rembourserez... à la Banque de Constantinople...

— Une petite somme?

— Vous savez que je suis parti presque sans argent... et, comme vous vous étiez généreusement chargé des frais de ce voyage...

— Ces frais ne regardent que moi!

— Soit !... Je ne veux pas discuter...

— Je ne vous aurais pas laissé dépenser une seule livre, répondit Kéraban, non pas même une !

— Je vous en suis fort reconnaissant, répondit Van Mitten, mais aujourd'hui, il ne me reste pas un seul para, et je vous serai obligé de...

— Je n'ai point d'argent à vous prêter, répondit sèchement Kéraban, et il ne me reste, à moi, que ce qu'il faut pour achever ce voyage !

— Cependant... vous me donnerez bien ?...

— Rien, vous dis-je !

— Comment ?... fit Bruno.

— Bruno se permet de parler, je crois !... dit Kéraban d'un ton plein de menaces.

— Sans doute, répliqua Bruno.

— Tais-toi, Bruno, » dit Van Mitten, qui ne voulait pas que cette intervention de son serviteur pût envenimer le débat.

Bruno se tut.

« Mon cher Kéraban, reprit Van Mitten, il ne s'agit, après tout, que d'une somme relativement minime, qui me permettra de demeurer quelques jours à Trébizonde...

— Minime ou non, monsieur, dit Kéraban, n'attendez absolument rien de moi !

— Mille piastres suffiraient!...

— Ni mille, ni cent, ni dix, ni une! riposta Kéraban, qui commençait à se mettre en colère.

— Quoi! rien?

— Rien!

— Mais alors...

— Alors, vous n'avez qu'à continuer ce voyage avec nous, monsieur Van Mitten. Vous ne manquerez de rien! Mais quant à vous laisser une piastre, un para, un demi-para, pour vous permettre de vous promener à votre convenance... jamais!

— Jamais?...

— Jamais! »

La manière dont ce « jamais » fut prononcé était bien pour faire comprendre à Van Mitten et même à Bruno, que la résolution de l'entêté était irrévocable. Quand il avait dit non, c'était dix fois non!

Van Mitten fut-il particulièrement blessé de ce refus de Kéraban, autrefois son correspondant et naguère son ami, il serait difficile de l'expliquer, tant le cœur humain, et en particulier le cœur d'un Hollandais, flegmatique et réservé, renferme de mystères. Quant à Bruno, il était outré! Quoi!

il lui faudrait voyager dans ces conditions, et peut-être dans de pires encore? Il lui faudrait poursuivre cette route absurde, cet itinéraire insensé, en charrette, à cheval, à pied, qui sait? Et tout cela pour la convenance d'un têtu d'Osmanli, devant lequel tremblait son maître! Il lui faudrait perdre enfin le peu qui lui restait de ventre, pendant que le seigneur Kéraban, en dépit des contrariétés et des fatigues, continuerait à se maintenir dans une rotondité majestueuse!

Oui! Mais qu'y faire? Aussi Bruno, n'ayant pas d'autre ressource que de grommeler, grommela-t-il en son coin. Un instant, il songea à rester seul, à abandonner Van Mitten à toutes les conséquences d'une pareille tyrannie. Mais la question d'argent se dressait devant lui, comme elle s'était dressée devant son maître, lequel n'avait pas seulement de quoi lui payer ses gages Donc, il fallait bien le suivre!

Pendant ces discussions, l'araba marchait péniblement. Le ciel, horriblement lourd, semblait s'abaisser sur la mer. Les sourds mugissements du ressac indiquaient que la lame se faisait au large. Au delà de l'horizon, le vent soufflait déjà en tempête.

Le postillon pressait de son mieux ses chevaux. Ces pauvres bêtes ne marchaient plus qu'avec peine. Ahmet les excitait de son côté, tant il avait hâte d'arriver à la bourgade d'Atina; mais, qu'il y fût devancé par l'orage, cela ne faisait plus maintenant aucun doute.

Le seigneur Kéraban, les yeux fermés, ne disait pas un mot. Ce silence pesait à Van Mitten, qui eût préféré quelque bonne bourrade de son ancien ami. Il sentait tout ce que celui-ci devait amasser de maugréements contre lui! Si jamais cet amas faisait explosion, ce serait terrible!

Enfin, Van Mitten n'y tint plus, et, se penchant à l'oreille de Kéraban, de manière que Bruno ne pût l'entendre :

« Ami Kéraban? dit-il.

— Qu'y a-t-il? demanda Kéraban.

— Comment ai-je pu céder à cette idée de vous quitter, ne fût-ce qu'un instant? reprit Van Mitten.

— Oui! comment?

— En vérité, je ne le comprends pas!

— Ni moi! » répondit Kéraban.

Et ce fut tout; mais la main de Van Mitten chercha la main de Kéraban, qui accueillit ce repentir par une généreuse pression, dont les doigts du Hollandais devaient porter longtemps la marque.

Il était alors neuf heures du soir. La nuit se faisait très sombre. L'orage venait d'éclater avec une extrême violence. L'horizon s'embrasa de grands éclairs blancs, bien qu'on ne pût entendre encore les éclats de la foudre. La bourrasque devint bientôt si forte, que, plusieurs fois, on put craindre que l'araba ne fût renversée sur la route. Les chevaux, épuisés, épouvantés, s'arrêtaient à chaque instant, se cabraient, reculaient, et le postillon ne parvenait que bien difficilement à les maintenir.

Que devenir dans ces conjonctures? On ne pouvait faire halte, sans abri, sur cette falaise battue par les vents d'ouest. Il s'en fallait encore d'une demi-heure avant que la bourgade ne pût être atteinte.

Ahmet, très inquiet, ne savait quel parti prendre, lorsqu'au tournant de la côte une vive lueur apparut à une portée de fusil. C'était le feu du phare d'Atina, élevé sur la falaise, en avant de la bourgade, et qui projetait une lumière assez intense au milieu de l'obscurité.

Ahmet eut la pensée de demander, pour la nuit,

l'hospitalité aux gardiens, qui devaient être à leur poste.

Il frappa à la porte de la maisonnette, construite au pied du phare.

Quelques instants de plus, le seigneur Kéraban et ses compagnons n'auraient pu résister aux coups de la tempête.

III

DANS LEQUEL BRUNO JOUE A SON CAMARADE NIZIB UN TOUR QUE LE LECTEUR VOUDRA BIEN LUI PARDONNER.

Une grossière maison de bois, divisée en deux chambres avec fenêtres ouvertes sur la mer, un pylône, fait de poutrelles, supportant un appareil catoptrique, c'est-à-dire une lanterne à réflecteurs, et dominant le toit d'une soixantaine de pieds, tel était le phare d'Atina et ses dépendances. Donc rien de plus rudimentaire.

Mais, tel qu'il était, ce feu rendait de grands services à la navigation, au milieu de ces parages. Son établissement ne datait que de quelques années. Aussi, avant que les difficiles passes du petit port d'Atina qui s'ouvre plus à l'ouest fussent éclairées, que de navires s'étaient mis à la côte au fond de ce cul-de-sac du continent asiatique! Sous la poussée des brises du nord et de l'ouest, un steamer a de la peine à se relever, malgré les efforts de sa machine, — à plus forte raison, un bâtiment à voiles, qui ne peut lutter qu'en biaisant contre le vent.

Deux gardiens demeuraient à poste fixe dans la maisonnette de bois, disposée au pied du phare; une première chambre leur servait de salle commune; une seconde contenait les deux couchettes qu'ils n'occupaient jamais ensemble, l'un d'eux étant de garde chaque nuit, aussi bien pour l'entretien du feu que pour le service des signaux, lorsque quelque navire s'aventurait sans pilote dans les passes d'Atina.

Aux coups qui furent frappés du dehors, la porte de la maisonnette s'ouvrit. Le seigneur Kéraban, sous la violente poussée de l'ouragan — ouragan lui-même! — entra précipitamment, suivi d'Ahmet, de Van Mitten, de Bruno et de Nizib.

« Que demandez-vous? dit l'un des gardiens, que son compagnon, réveillé par le bruit, rejoignit presque aussitôt.

— L'hospitalité pour la nuit? répondit Ahmet.

— L'hospitalité? reprit le gardien. Si ce n'est qu'un abri qu'il vous faut, la maison est ouverte.

— Un abri, pour attendre le jour, répondit Kéraban, et de quoi apaiser notre faim.

— Soit, dit le gardien, mais vous auriez été mieux dans quelque auberge du bourg d'Atina.

— A quelle distance est ce bourg? demanda Van Mitten.

— A une demi-lieue-environ du phare et en arrière des falaises, répondit le gardien.

— Une demi-lieue à faire par ce temps horrible! s'écria Kéraban. Non, mes braves gens, non!... Voici des bancs sur lesquels nous pourrons passer la nuit!... Si notre araba et nos chevaux peuvent s'abriter derrière votre maisonnette, c'est tout ce qu'il nous faudra!... Demain, dès qu'il fera jour, nous gagnerons la bourgade, et qu'Allah nous vienne en aide pour y trouver quelque véhicule plus convenable...

— Plus rapide, surtout!... ajouta Ahmet.

— Et moins rude!... murmura Bruno entre ses dents.

— ... que cette araba dont il ne faut pourtant pas dire du mal!... répliqua le seigneur Kéraban, qui jeta un regard sévère au rancunier serviteur de Van Mitten.

— Seigneur, reprit le gardien, je vous répète

que notre demeure est à votre service. Bien des voyageurs y ont déjà cherché asile contre le mauvais temps et se sont contentés...

— De ce dont nous saurons bien nous contenter nous-mêmes! » répondit Kéraban.

Et cela dit, les voyageurs prirent leurs mesures pour passer la nuit dans cette maisonnette. En tout cas, ils ne pouvaient que se féliciter d'avoir trouvé un tel refuge, si peu confortable qu'il fût, à entendre le vent et la pluie qui faisaient rage au dehors.

Mais, dormir, c'est bien, à la condition que le sommeil soit précédé d'un souper quelconque. Ce fut naturellement Bruno qui en fit l'observation, en rappelant que les réserves de l'araba étaient absolument épuisées.

« Au fait, demanda Kéraban, qu'avez-vous à nous offrir, mes braves gens,... en payant, bien entendu?

— Bon ou mauvais, répondit un des gardiens, il y a ce qu'il y a, et toutes les piastres du trésor impérial ne vous feraient pas trouver autre chose ici que le peu qui nous reste des provisions du phare!

— Ce sera suffisant! répondit Ahmet.

— Oui!... s'il y en a assez!... murmura Bruno, dont les dents s'allongeaient sous la surexcitation d'une véritable fringale.

— Passez dans l'autre chambre, répondit le gardien. Ce qui est sur la table est à votre disposition!

— Et Bruno nous servira, répondit Kéraban, tandis que Nizib ira aider le postillon à remiser le moins mal possible, à l'abri du vent, notre araba et son équipage! »

Sur un signe de son maître, Nizib sortit aussitôt, afin de tout disposer pour le mieux.

En même temps, le seigneur Kéraban, Van Mitten et Ahmet, suivis de Bruno, entraient dans la seconde chambre et prenaient place devant un foyer de bois flambant, près d'une petite table. Là, dans des plats grossiers se trouvaient quelques restes de viande froide, auxquels les voyageurs affamés firent honneur. Bruno, les regardant manger si avidement, semblait même penser qu'ils leur en faisaient trop.

« Et mais il ne faut pas oublier Bruno ni Nizib! fit observer Van Mitten, après un quart d'heure d'un travail de mastication que le serviteur du digne Hollandais trouva interminable.

— Non certes, répondit le seigneur Kéraban, il n'y a pas de raison pour qu'ils meurent de faim plus que leurs maîtres!

— Il est vraiment bien bon! murmura Bruno.

— Et il ne faut point les traiter comme des Cosaques!... ajouta Kéraban!... Ah! ces Cosaques!... on en pendrait cent...

— Oh! fit Van Mitten.

— Mille... dix mille... cent mille... ajouta Kéraban en secouant son ami d'une main vigoureuse, qu'il en resterait trop encore!.... Mais la nuit s'avance!... Allons dormir!

— Oui, cela vaut mieux! » répondit Van Mitten, qui, par ce « oh! » intempestif, avait failli provoquer le massacre d'une grande partie des tribus nomades de l'Empire moscovite.

Le seigneur Kéraban, Van Mitten et Ahmet revinrent alors dans la première chambre, au moment où Nizib y rejoignait Bruno pour souper avec lui. Là, s'enveloppant de leur manteau, étendus sur les bancs, tous trois cherchèrent à tromper dans le sommeil les longues heures d'une nuit de tempête. Mais il leur serait bien difficile, sans doute, de dormir dans ces conditions.

Cependant, Bruno et Nizib, attablés l'un devant

l'autre, se préparaient à achever consciencieusement ce qui restait dans les plats et au fond des brocs, — Bruno, toujours très dominateur avec Nizib, Nizib, toujours très déférent vis-à-vis de Bruno.

« Nizib, dit Bruno, à mon avis, lorsque les maîtres ont soupé, c'est le droit des serviteurs de manger les restes, quand ils veulent bien leur en laisser.

— Vous avez toujours faim, monsieur Bruno? demanda Nizib d'un air approbateur.

— Toujours faim, Nizib, surtout quand il y a douze heures que je n'ai rien pris!

— Il n'y paraît pas!

— Il n'y paraît pas!... Mais, ne voyez-vous pas, Nizib, que j'ai encore maigri de dix livres depuis huit jours! Avec mes vêtements devenus trop larges, on habillerait un homme deux fois gros comme moi?

— C'est vraiment singulier, ce qui vous arrive, monsieur Bruno! Moi! j'engraisse plutôt à ce régime-là!

— Ah! tu engraisses!... murmura Bruno, qui regarda son camarade de travers.

— Voyons un peu ce qu'il y a dans ce plat, dit Nizib.

— Hum! fit Bruno, il n'y reste pas grand chose... et, quand il y en a à peine pour un, à coup sûr il n'y en a pas pour deux!

— En voyage, il faut savoir se contenter de ce que l'on trouve, monsieur Bruno!

— Ah! tu fais le philosophe, se dit Bruno! Ah! tu te permets d'engraisser!... toi! »

Et ramenant à lui l'assiette de Nizib :

« Eh! que diable vous êtes-vous donc servi là? dit-il.

— Je ne sais, mais cela ressemble beaucoup à un reste de mouton, répondit Nizib, qui replaça l'assiette devant lui.

— Du mouton?... s'écria Bruno. Eh! Nizib, prenez garde!... Je crois que vous faites erreur!

— Nous verrons bien, dit Nizib, en portant à sa bouche un morceau qu'il venait de piquer avec sa fourchette.

— Non!... non!... répliqua Bruno, en l'arrêtant de la main. Ne vous pressez pas! Par Mahomet, comme vous dites, je crains bien que ce ne soit de la chair d'un certain animal immonde, — immonde pour un Turc, s'entend, et non pour un chrétien!

— Vous croyez, monsieur Bruno?

— Permettez-moi de m'en assurer, Nizib. »

Et Bruno fit passer sur son assiette le morceau de viande choisi par Nizib; puis, sous prétexte d'y goûter, il le fit entièrement disparaître en quelques bouchées.

« Eh bien ? demanda Nizib, non sans une certaine inquiétude.

— Eh bien, répondit Bruno, je ne me trompais pas !... C'est du porc !... Horreur ! Vous alliez manger du porc !

— Du porc ? s'écria Nizib. C'est défendu...

— Absolument.

— Pourtant, il m'avait semblé...

— Que diable, Nizib, vous pouvez bien vous en rapporter à un homme qui doit s'y connaître mieux que vous !

— Alors, monsieur Bruno ?...

— Alors, à votre place, je me contenterais de ce morceau de fromage de chèvre.

— C'est maigre ! répondit Nizib.

— Oui... mais il a l'air excellent ! »

Et Bruno plaça le fromage devant son camarade. Nizib commença à manger, non sans faire la grimace, tandis que l'autre achevait à grands coups de dents le mets plus substantiel, improprement qualifié par lui de porc.

« A votre santé, Nizib, dit-il, en se servant un plein gobelet du contenu d'un broc posé sur la table.

— Quelle est cette boisson? demanda Nizib.

— Hum!... fit Bruno... il me semble...

— Quoi donc? dit Nizib en tendant son verre.

— Qu'il y a un peu d'eau-de-vie là-dedans... répondit Bruno, et un bon musulman ne peut se permettre...

— Je ne puis cependant manger sans boire!

— Sans boire?... non!... et voici dans ce broc une eau fraîche, dont il faudra vous contenter, Nizib! Êtes-vous heureux, vous autres Turcs, d'être habitués à cette boisson si salutaire! »

Et, pendant que buvait Nizib:

« Engraisse, murmurait Bruno, engraisse, mon garçon... engraisse!... »

Mais voilà que Nizib, en tournant la tête, aperçut un autre plat déposé sur la cheminée, et dans lequel il restait encore un morceau de viande d'appétissante mine.

« Ah! s'écria Nizib, je vais donc pouvoir manger plus sérieusement, cette fois!...

— Oui... cette fois, Nizib, répondit Bruno, et nous allons partager en bons camarades!... Vraiment, cela me faisait de la peine de vous voir réduit à ce fromage de chèvre !

— Ceci doit être du mouton, monsieur Bruno !

— Je le crois, Nizib. »

Et Bruno, attirant le plat devant lui, commença à découper le morceau que Nizib dévorait du regard.

« Eh bien ! dit-il.

— Oui... du mouton... répondit Bruno, ce doit-être du mouton !... Du reste, nous avons rencontré tant de troupeaux de ces intéressants quadrupèdes sur notre route !... C'est à croire, vraiment, qu'il n'y a que des moutons dans le pays !

— Eh bien ?... dit Nizib en tendant son assiette.

— Attendez,... Nizib,... attendez !... Dans votre intérêt, il vaut mieux que je m'assure... Vous comprenez, ici... à quelques lieues seulement de la frontière.... c'est presque encore de la cuisine russe... Et les Russes... il faut s'en défier !

— Je vous répète, monsieur Bruno, que, cette fois, il n'y a pas d'erreur possible !

— Non... répondit Bruno qui venait de goûter au nouveau plat, c'est bien du mouton, et cependant...

— Hein ?... fit Nizib.

— On dirait... répondit Bruno en avalant coup sur coup les morceaux qu'il avait mis sur son assiette.

— Pas si vite, monsieur Bruno !

— Hum !... Si c'est du mouton... il a un singulier goût !

— Ah !... je saurai bien !... s'écria Nizib, qui, en dépit de son calme, commençait à se monter.

— Prenez garde, Nizib, prenez garde ! »

Et ce disant, Bruno faisait précipitamment disparaître les dernières bouchées de viande.

« A la fin, monsieur Bruno !...

— Oui, Nizib,... à la fin... je suis fixé !... Vous aviez absolument raison, cette fois !

— C'était du mouton ?

— Du vrai mouton !

— Que vous avez dévoré !...

— Dévoré, Nizib ?... Ah ! voilà un mot que je ne saurais admettre !... Dévoré ?... Non !... J'y ai goûté seulement !

— Et j'ai fait là un joli souper ! répliqua Nizib d'un ton piteux. Il me semble, monsieur Bruno, que vous auriez bien pu me laisser ma part, et ne point tout manger, pour vous assurer que c'était...

— Du mouton, en effet, Nizib! Ma conscience m'oblige...

— Dites votre estomac!

— A le reconnaître!... Après tout, il n'y a pas lieu pour vous de le regretter, Nizib!

— Mais si, monsieur Bruno, mais si!

— Non!... Vous n'auriez pu en manger!

— Et pourquoi?

— Parce que ce mouton était piqué de lard, Nizib, vous entendez bien... piqué de lard,... et que le lard n'est point orthodoxe! »

Là-dessus, Bruno se leva de table, frottant son estomac en homme qui a bien soupé; puis, il rentra dans la salle commune, suivi du très déconfit Nizib.

Le seigneur Kéraban, Ahmet et Van Mitten, étendus sur les bancs de bois, n'avaient encore pu trouver un instant de sommeil. La tempête, d'ailleurs, redoublait au dehors. Les ais de la maison de bois gémissaient sous ses coups. On pouvait craindre que le phare ne fût menacé d'une dislocation complète. Le vent ébranlait la porte et les volets des fenêtres, comme s'ils eussent été frappés de quelque bélier formidable. Il fallut les étayer solidement. Mais aux secousses du pylone, encastré dans la muraille, on se rendait compte de ce que pouvaient être, à cinquante pieds au-dessus du toit, les violences de la bourrasque. Le phare résisterait-il à cet assaut, le feu continuerait-il à éclairer les passes d'Atina, où la mer devait être démontée, il y avait doute à cela, un doute plein d'éventualités des plus graves. Il était alors onze heures et demie du soir.

« Il n'est pas possible de dormir ici! dit Kéraban, qui se leva et parcourut à petits pas la salle commune.

— Non, répondit Ahmet, et si la fureur de l'ouragan augmente encore, il y a lieu de craindre pour cette maisonnette! Je pense donc qu'il est bon de nous tenir prêts à tout événement!

— Est-ce que vous dormez, Van Mitten, est-ce que vous pouvez dormir? » demanda Kéraban.

Et il alla secouer son ami.

« Je sommeillais, répondit Van Mitten.

— Voilà ce que peuvent les natures placides! Là où personne ne saurait prendre un instant de repos, un Hollandais trouve encore le moment de sommeiller!

— Je n'ai jamais vu pareille nuit! dit l'un des gardiens. Le vent bat en côte, et qui sait si demain

4.

les roches d'Atina ne seront pas couvertes d'épaves!

— Est-ce qu'il y avait quelque navire en vue? demanda Ahmet.

— Non... répondit le gardien, du moins, avant le coucher du soleil. Lorsque je suis monté au haut du phare pour l'allumer, je n'ai rien aperçu au large. C'est heureux, car les parages d'Atina sont mauvais, et même avec ce feu qui les éclaire jusqu'à cinq milles du petit port, il est difficile de les accoster. »

En ce moment, un coup de rafale repoussa plus violemment la porte à l'intérieur de la chambre comme si elle venait de voler en éclats.

Mais le seigneur Kéraban s'était jeté sur cette porte, il l'avait repoussée, il avait lutté contre la bourrasque, et il parvint à la refermer avec l'aide du gardien.

« Quelle entêtée! s'écria-t-il, mais j'ai été plus têtu qu'elle!

— La terrible tempête! s'écria Ahmet.

— Terrible, en effet, répondit Van Mitten, une tempête presque comparable à celles qui se jettent sur nos côtes de la Hollande, après avoir traversé l'Atlantique!

— Oh! fit Kéraban, presque comparable!

— Songez donc, ami Kéraban! Ce sont des tempêtes qui nous viennent d'Amérique à travers tout l'Océan!

— Est-ce que les colères de l'Océan, Van Mitten, peuvent se comparer à celles de la mer Noire?

— Ami Kéraban, je ne voudrais pas vous contrarier, mais, en vérité...

— En vérité, vous cherchez à le faire! répondit Kéraban, qui n'avait pas lieu d'être de très bonne humeur.

— Non!... je dis seulement...

— Vous dites?...

— Je dis qu'auprès de l'Océan, auprès de l'Atlantique, la mer Noire, à proprement parler, n'est qu'un lac!

— Un lac!... s'écria Kéraban en redressant la tête. Par Allah! il me semble que vous avez dit un lac!

— Un vaste lac, si vous voulez!... répondit Van Mitten qui cherchait à adoucir ses expressions, un immense lac... mais un lac!

— Pourquoi pas un étang?

— Je n'ai point dit un étang!

— Pourquoi pas une mare?

— Je n'ai point dit une mare!

— Pourquoi pas une cuvette?

— Je n'ai point dit une cuvette!

— Non!... Van Mitten, mais vous l'avez pensé!

— Je vous assure...

— Eh bien, soit!... une cuvette!... Mais, que quelque cataclysme vienne à jeter votre Hollande dans cette cuvette, et votre Hollande s'y noiera tout entière!... Cuvette! »

Et sur ce mot qu'il répétait en le mâchonnant, le seigneur Kéraban se mit à arpenter la chambre.

« Je suis pourtant bien sûr de n'avoir point dit cuvette! murmurait Van Mitten, absolument décontenancé. — Croyez, mon jeune ami, ajouta-t-il en s'adressant à Ahmet, que cette expression ne m'est pas même venue à la pensée!... L'Atlantique.

— Soit, monsieur Van Mitten, répondit Ahmet, mais ce n'est ni le lieu ni l'heure de discuter là-dessus!

— Cuvette!... » répétait entre ses dents l'entêté personnage.

Et il s'arrêtait pour regarder en face son ami le Hollandais, qui n'osait plus prendre la défense de la Hollande, dont le seigneur Kéraban menaçait d'engloutir le territoire sous les flots du Pont-Euxin.

Pendant une heure encore, l'intensité de la tourmente ne fit que s'accroître. Les gardiens, très inquiets, sortaient de temps en temps par l'arrière de la maisonnette pour surveiller le pylône de bois à l'extrémité duquel oscillait la lanterne. Leurs hôtes, rompus par la fatigue, avaient repris place sur les bancs de la salle et cherchaient vainement à se reposer dans quelques instants de sommeil.

Tout à coup, vers deux heures du matin, maîtres et domestiques furent violemment secoués de leur torpeur. Les fenêtres, dont les auvents avaient été arrachés, venaient de voler en éclats.

En même temps, pendant une courte accalmie, un coup de canon se faisait entendre au large.

IV

DANS LEQUEL TOUT SE PASSE AU MILIEU DES ÉCLATS DE LA FOUDRE ET DE LA FULGURATION DES ÉCLAIRS.

Tous s'étaient levés, se précipitaient aux fenêtres, regardaient la mer, dont les lames, pulvérisées par le vent, assaillaient d'une pluie violente la maison du phare. L'obscurité était profonde, et il n'eût pas été possible de rien voir, même à quelques pas, si, par intervalles, de grands éclairs fauves n'eussent illuminé l'horizon.

Ce fut dans un de ces éclairs qu'Ahmet signala un point mouvant, qui apparaissait et disparaissait au large.

« Est-ce un navire ? s'écria-t-il.

— Et si c'est un navire, est-ce lui qui a tiré ce coup de canon ? ajouta Kéraban.

— Je monte à la galerie du phare, dit l'un des gardiens, en se dirigeant vers un petit escalier de bois, qui donnait accès à l'échelle intérieure dans l'angle de la salle.

— Je vous accompagne, » répondit Ahmet.

Pendant ce temps, le seigneur Kéraban, Van Mitten, Bruno, Nizib et le second gardien, malgré la bourrasque, malgré les embruns, demeuraient la baie des fenêtres brisées.

Ahmet et son compagnon eurent rapidement atteint, au niveau du toit, la plate-forme qui servait de base au pylône. De là, dans l'entre-deux des poutrelles, reliées par des croisillons, formant l'ensemble du bâtis, se déroulait un escalier à jour, dont la soixantième marche s'adaptait à la partie supérieure du phare, supportant l'appareil éclairant.

La tourmente était si violente que cette ascension ne pouvait qu'être extrêmement difficile. Les solides montants du pylône oscillaient sur leur base. Par instants, Ahmet se sentait si fortement collé au garde-fou de l'escalier qu'il devait craindre de ne plus pouvoir s'en arracher; mais, profitant de quelque courte accalmie, il parvenait à franchir deux ou trois marches encore, et, suivant le gardien non moins embarrassé que lui, il put atteindre la galerie supérieure.

De là, quel émouvant spectacle! Une mer démontée se brisant en lames monstrueuses contre les roches, des embruns s'éparpillant comme une averse en passant par-dessus la lanterne du phare, des montagnes d'eau se heurtant au large, et dont les arêtes trouvaient encore assez de lumière diffuse dans l'atmosphère pour se dessiner en crêtes blanchâtres, un ciel noir, chargé de nuages bas, chassant avec une incomparable vitesse et découvrant parfois, dans leurs intervalles, d'autres amas de vapeurs plus élevés, plus denses, d'où s'échappaient quelques-uns de ces longs éclairs livides, illuminations silencieuses et blafardes, reflets, sans doute, de quelque orage encore lointain.

Ahmet et le gardien s'étaient accrochés à l'appui de la galerie supérieure. Placés à droite et à gauche de la plate-forme, ils regardaient, cherchant soit le point mobile déjà entrevu, soit la lueur d'un coup de canon qui en eût marqué la place.

D'ailleurs, ils ne parlaient point, ils n'auraient pu s'entendre, mais sous leurs yeux se développait un assez large secteur de vue. La lumière de la lanterne, emprisonnée dans le réflecteur qui lui faisait écran, ne pouvait les éblouir, et en avant d'eux, elle projetait son faisceau lumineux dans un rayon de plusieurs milles.

Toutefois, n'était-il pas à craindre que cette lanterne ne vînt brusquement à s'éteindre? Par moments, un souffle de rafale arrivait jusqu'à la flamme, qui se couchait au point de perdre tout son éclat. En même temps, des oiseaux de mer, affolés par la tempête, venaient se précipiter sur l'appareil, semblables à d'énormes insectes attirés par une lampe, et ils se brisaient la tête contre le grillage en fer qui le protégeait. C'étaient autant de cris assourdissants ajoutés à tous les fracas de la tourmente. Le déchaînement de l'air était si violent alors, que la partie supérieure du pylône subissait des oscillations d'une amplitude effrayante. Que l'on n'en soit pas surpris : parfois, les tours en maçonnerie des phares européens en éprouvent de telles que les poids de leurs horloges s'embrouillent et ne fonctionnent plus. A plus forte raison, ces grands bâtis de bois, dont la charpente ne peut avoir la rigidité d'une construction en pierre. Là, à cette place, le seigneur Kéraban, que les lames du Bosphore suffisaient à rendre malade, eût certainement ressenti tous les effets d'un véritable mal de mer.

Ahmet et le gardien, cherchaient à retrouver au milieu d'une éclaircie le point mobile qu'ils avaient déjà entrevu. Mais, ou ce point avait disparu, ou les éclairs ne mettaient plus en lumière l'endroit qu'il occupait. Si c'était un navire, rien d'impossible à ce qu'il eût sombré sous les coups de l'ouragan.

Soudain, la main d'Ahmet s'étendit vers l'horizon. Son regard ne pouvait le tromper. Un effrayant météore venait de se dresser à la surface de la mer jusqu'à la surface des nuages.

Deux colonnes, de forme vésiculaire, gazeuses par le haut, liquides par le bas, se rejoignant par une pointe conique, animées d'un mouvement giratoire d'une extrême vitesse, présentant une vaste concavité au vent qui s'y engouffrait, se déplaçaient en faisant tourbillonner les eaux sur leur passage. Pendant les accalmies, on entendait un sifflement aigu d'une telle intensité qu'il devait se propager à une grande distance. De rapides éclairs en zigzags sillonnaient l'énorme panache de ces deux colonnes, qui se perdait dans la nue.

C'étaient deux trombes marines, et il y a vraiment lieu d'être effrayé à l'apparition de ces phénomènes, dont la véritable cause n'est pas encore bien déterminée.

Tout à coup, à peu de distance de l'une des trombes, retentit une sourde détonation, que venait de précéder un vif éclat de lumière.

« Un coup de canon, cette fois! » s'écria Ahmet, en tendant la main dans la direction observée.

Le gardien avait aussitôt concentré sur ce point toute la puissance de son regard.

« Oui!... Là... là?... » fit-il.

Et dans l'illumination d'un vaste éclair, Ahmet venait d'apercevoir un bâtiment de médiocre tonnage, qui luttait contre la tempête.

C'était une tartane, désemparée, sa grande antenne en lambeaux. Sans aucun moyen de pouvoir résister, elle dérivait irrésistiblement vers la côte. Avec des roches sous le vent, avec la proximité de ces deux trombes qui se dirigeaient vers elle, il était impossible qu'elle pût échapper à sa perte. Engloutie ou mise en pièces, ce ne devait plus être que l'affaire de quelques instants.

Et cependant, elle résistait, cette tartane. Peut-être, si elle échappait à l'attraction des trombes, trouverait-elle quelque courant qui la porterait dans le port? Avec ce vent qui battait en côte, même à sec de toile, peut-être saurait-elle donner dans le chenal, dont le feu du phare lui marquait la direction ? C'était une dernière chance.

Aussi, la tartane essaya-t-elle de lutter contre le plus proche des météores, qui menaçait de l'attirer dans son tourbillon. De là, ces coups de canon, non de détresse, mais de défense. Il fallait rompre cette colonne tournante en la crevant de projectiles. On y réussit, mais d'une façon incomplète. Un boulet traversa la trombe vers le tiers de sa hauteur, les deux segments se séparèrent, flottant dans l'espace comme deux tronçons de quelque fantastique animal ; puis, ils se rejoignirent et reprirent leur mouvement giratoire en aspirant l'air et l'eau sur leur passage.

Il était alors trois heures du matin. La tartane dérivait toujours vers l'extrémité du chenal.

A ce moment, passa un coup de bourrasque qui ébranla le pylône jusqu'à sa base. Ahmet et le gardien durent craindre qu'il ne fût déraciné du sol. Les poutrelles craquées menaçaient d'échapper aux entretoises qui les reliaient à l'ensemble du bâtis. Il fallut redescendre au plus vite et chercher un abri dans la maison.

C'est ce que firent Ahmet et son compagnon. Ce ne fut pas sans peine, tant l'escalier tournant se tordait sous leurs pieds. Ils y réussirent cependant et reparurent sur les premières marches, qui donnaient accès à l'intérieur de la salle.

« Eh bien? demanda Kéraban.

— C'est un navire, répondit Ahmet.

— En perdition?...

— Oui, répondit le gardien, à moins qu'il ne donne directement dans le chenal d'Atina!

— Mais le peut-il?...

— Il le peut si son capitaine connaît ce chenal, et tant que le feu lui indiquera sa direction!

— On ne peut rien pour le guider... pour lui porter secours? demanda Kéraban.

— Rien ! »

Soudain, un immense éclair enveloppa toute la maisonnette. Le coup de tonnerre éclata aussitôt. Kéraban et les siens furent comme paralysés par la commotion électrique. C'était miracle qu'ils n'eussent point été foudroyés à cette place, sinon directement, du moins par un choc en retour.

Au même instant, un fracas effroyable se faisait entendre. Une lourde masse s'abattit sur le toit qui s'effondra, et l'ouragan, se précipitant par cette large ouverture, saccagea l'intérieur de la salle, dont les murs de bois s'affaissèrent sur le sol.

Par un bonheur providentiel, aucun de ceux qui

s'y trouvaient n'avait été blessé. Le toit, arraché, avait pour ainsi dire glissé vers la droite, tandis qu'ils étaient groupés dans l'angle à gauche près de la porte.

« Au dehors ! au dehors ! » cria l'un des gardiens en s'élançant sur les roches de la grève.

Tous l'imitèrent, et là, ils reconnurent à quelle cause était due cette catastrophe.

Le phare, foudroyé par une décharge électrique, s'était rompu à la base. Par suite, effondrement de la partie supérieure du pylône, qui, dans sa chute, avait défoncé le toit. Puis, en un instant, l'ouragan venait d'achever la démolition de la maisonnette.

Maintenant, plus un feu pour éclairer le chenal du petit port de refuge ! Si la tartane échappait à l'engloutissement dont la menaçaient les trombes, rien ne pourrait l'empêcher de se mettre au plein sur les récifs.

On la voyait alors irrésistiblement dressée, tandis que les colonnes d'air et d'eau tourbillonnaient autour d'elle. A peine une demi-encâblure la séparait-elle d'une énorme roche, qui émergeait à cinquante pieds au plus de la pointe nord-ouest. C'était évidemment là que le petit bâtiment viendrait toucher, se briser, périr.

Kéraban et ses compagnons allaient et venaient sur la grève, regardant avec horreur cet émouvant spectacle, impuissants à porter secours au navire en détresse, pouvant à peine résister eux-mêmes à ces violences de l'air déchaîné, qui les couvrait d'embruns où le sable se mêlait à l'eau de mer.

Quelques pêcheurs du port d'Atina étaient accourus, — peut-être pour se disputer les débris de cette tartane que le ressac allait bientôt rejeter sur les roches. Mais le seigneur Kéraban, Ahmet et leurs compagnons ne l'entendaient pas ainsi. Ils voulaient qu'on fît tout pour venir en aide aux naufragés. Ils voulaient plus encore: c'était, dans la mesure du possible, que l'on indiquât à l'équipage de la tartane la direction du chenal. Quelque courant ne pouvait-il l'y porter en évitant les écueils de droite et de gauche?

« Des torches!... des torches!... » s'écria Kéraban.

Aussitôt, quelques branches résineuses, arrachées à un bouquet de pins maritimes, groupés sur le flanc de la maison renversée, furent enflammées, et ce fut leur lueur fuligineuse qui remplaça, tant bien que mal, le feu éteint du phare.

Cependant, la tartane dérivait toujours. A travers les stries des éclairs, on voyait son équipage manœuvrer. Le capitaine essayait de gréer une voile de fortune, afin de se diriger sur les feux de la grève ; mais à peine hissée, la voile se déralingua sous le fouet de l'ouragan, et des morceaux de toile furent projetés jusqu'aux falaises, passant comme une volée de ces pétrels, qui sont les oiseaux des tempêtes.

La coque du petit bâtiment s'élevait parfois à une hauteur prodigieuse et retombait dans un gouffre où elle se fût anéantie, s'il eût eu pour fond quelque roche sous-marine.

« Les malheureux ! s'écriait Kéraban. Mes amis... ne peut-on rien pour les sauver ?

— Rien ! répondirent les pêcheurs.

— Rien !... Rien !... Eh bien, mille piastres !... dix mille piastres !... cent mille... à qui leur portera secours ! »

Mais les généreuses offres ne pouvaient être acceptées ! Impossible de se jeter au milieu de cette mer furieuse pour établir un va-et-vient entre la tartane et la pointe extrême de la passe ! Peut-être, avec un de ces engins nouveaux, ces canons porte-amarres, eût-on pu jeter une communication ; mais ces engins manquaient et le petit port d'Atina ne possédait même pas un canot de sauvetage.

« Nous ne pouvons pourtant pas les laisser périr! » répétait Kéraban, qui ne se contenait plus à la vue de ce spectacle.

Ahmet et tous ses compagnons, épouvantés comme lui, comme lui étaient réduits à l'impuissance.

Tout à coup, un cri, parti du pont de la tartane, fit bondir Ahmet. Il lui sembla que son nom, — oui! son nom! — avait été jeté au milieu du fracas des lames et du vent.

Et en effet, pendant une courte accalmie, ce cri fut répété, et, distinctement, il entendit :

« Ahmet... à moi!... Ahmet! »

Qui donc pouvait l'appeler ainsi? Sous le coup d'un irrésistible pressentiment, son cœur battit à se rompre!... Cette tartane, il lui sembla qu'il la reconnaissait... qu'il l'avait déjà vue!... Où?... N'était-ce pas à Odessa, devant la villa du banquier Sélim, le jour même de son départ?

« Ahmet!... Ahmet!... »

Ce nom retentit encore.

Kéraban, Van Mitten, Bruno, Nizib, s'étaient rapprochés du jeune homme, qui, les bras tendus vers la mer, restait immobile, comme s'il eût été pétrifié.

« Ton nom!... C'est ton nom? répétait Kéraban.

— Oui!... oui!... disait-il... mon nom! »

Soudain, un éclair dont la durée dépassa deux secondes, — il se propagea d'un horizon à l'autre — embrasa tout l'espace. Au milieu de cette immense fulguration, la tartane apparut aussi nettement que si elle eût été dessinée en blanc par quelque effluence électrique. Son grand mât venait d'être frappé d'un coup de foudre et brûlait comme une torche au souffle de la rafale.

A l'arrière de la tartane, deux jeunes filles se tenaient enlacées l'une à l'autre, et de leurs lèvres s'échappa encore ce cri :

« Ahmet!... Ahmet!

— Elle!... C'est elle!... Amasia!... s'écria le jeune homme en bondissant sur une des roches.

— Ahmet!... Ahmet! » s'écria Kéraban à son tour.

Et il se précipita vers son neveu, non pour le retenir, mais pour lui venir en aide, s'il le fallait.

« Ahmet!... Ahmet! »

Ce nom fut, une dernière fois encore, jeté à travers l'espace. Il n'y avait plus de doute possible.

« Amasia!... Amasia!... » s'écria Ahmet.

Et se lançant dans l'écume du ressac, il disparut.

A ce moment, une des trombes venait d'atteindre

la tartane par l'avant; puis elle l'entraînait dans son tourbillon, elle la jetait sur les récifs de gauche, vers la roche même; à l'endroit où elle émergeait près de la pointe nord-ouest. Là, le petit bâtiment se broya avec un fracas qui domina le bruit de la tourmente; puis, il s'abîma en un clin d'œil, et le météore, rompu lui aussi, à ce choc de l'écueil, s'évanouit en éclatant comme une bombe gigantesque, rendant à la mer sa base liquide, et à la nue les vapeurs qui formaient son tournoyant panache.

On devait croire perdus tous ceux que portait la tartane, perdu le courageux sauveteur qui s'était précipité au secours des deux jeunes filles!

Kéraban voulu se lancer dans ces eaux furieuses, afin de lui venir en aide... Ses compagnons durent lutter avec lui pour l'empêcher de courir à une perte certaine.

Mais, pendant ce temps, on avait pu revoir Ahmet à la lueur des éclairs continus qui illuminaient l'espace. Avec une vigueur surhumaine, il venait de se hisser sur la roche. Il soulevait dans ses bras l'une des naufragées!... L'autre, accrochée à son vêtement, remontait avec lui!... Mais, sauf elles, personne n'avait reparu... Sans doute, tout l'équipage de la tartane, qui s'était jeté à la mer au moment où l'assaillait la trombe, avait péri, et toutes deux étaient les seules survivantes de ce naufrage.

Ahmet, lorsqu'il se fut mis hors de la portée des lames, s'arrêta un instant, et regarda l'intervalle qui le séparait de la pointe de la passe. Au plus, une quinzaine de pieds. Et alors, profitant du retrait d'une énorme vague, qui laissait à peine quelques pouces d'eau sur le sable, il s'élança avec son fardeau, suivi de l'autre jeune fille, vers les rochers de la grève qu'il atteignit heureusement.

Une minute après, Ahmet était au milieu de ses compagnons. Là, il tombait, brisé par l'émotion et la fatigue, après avoir remis entre leurs bras celle qu'il venait de sauver.

« Amasia!... Amasia! » s'écria Kéraban.

Oui! C'était bien Amasia... Amasia qu'il avait laissée à Odessa, la fille de son ami Sélim! C'était bien elle qui se trouvait à bord de cette tartane, elle qui venait de se perdre, à trois cents lieues de là, à l'autre extrémité de la mer Noire! Et avec elle, Nedjeb, sa suivante! Que s'était-il donc passé!... Mais Amasia ni la jeune Zingare n'auraient pu le dire en ce moment : toutes deux avaient perdu connaissance.

Le seigneur Kéraban prit la jeune fille entre ses bras, tandis que l'un des gardiens du phare soulevait Nedjeb. Ahmet était revenu à lui, mais éperdu, comme un homme à qui le sentiment de la réalité échappe encore. Puis, tous se dirigèrent vers la bourgade d'Atina, où l'un des pêcheurs leur donna asile dans sa cabane.

Amasia et Nedjeb furent déposées devant l'âtre, où flambait un bon feu de sarments.

Ahmet, penché sur la jeune fille, lui soutenait a tête! Il l'appelait... il lui parlait!

« Amasia!... ma chère Amasia!... Elle ne m'entend plus!... Elle ne me répond pas!... Ah! si elle est morte, je mourrai!

— Non!... elle n'est pas morte, s'écria Kéraban. Elle respire!... Ahmet!... Elle est vivante!... »

En ce moment, Nedjeb venait de se relever. Puis, se jetant sur le corps d'Amasia,

« Ma maîtresse... ma bien aimée maîtresse!... disait-elle... Oui!... elle vit!... Ses yeux se rouvrent! »

Et, en effet, les paupières de la jeune fille venaient de se soulever un instant.

« Amasia!... Amasia! s'écria Ahmet.

— Ahmet... mon cher Ahmet! » répondit la jeune fille.

Kéraban les pressait tous les deux sur sa poitrine.

« Mais quelle était cette tartane?... demanda Ahmet.

— Celle que nous devions visiter, seigneur Ahmet, avant votre départ d'Odessa! répondit Nedjeb.

— La *Guïdare*, capitaine Yarhud?

— Oui!... C'est lui qui nous a enlevées toutes deux!

— Mais pour qui agissait-il?

— Nous l'ignorons!

— Et où allait cette tartane?

— Nous l'ignorons aussi, Ahmet, répondit Amasia.... Mais vous êtes là... J'ai tout oublié!...

— Je n'oublierai pas, moi! » s'écria le seigneur Kéraban.

Et si, à ce moment, il se fût retourné, il eût aperçu un homme, qui l'épiait à la porte de la cabane, s'enfuir rapidement.

C'était Yarhud, seul survivant de son équipage. Presque aussitôt, sans avoir été vu, il disparaissait dans une direction opposée au bourg d'Atina.

Le capitaine maltais avait tout entendu. Il savait maintenant que, par une fatalité inconcevable, Ahmet s'était trouvé sur le lieu du naufrage de la *Guïdare*, au moment où Amasia allait périr!

Après avoir dépassé les dernières maisons de la bourgade, Yarhud s'arrêta au détour de la route.

« Le chemin est long d'Atina au Bosphore, dit-il, et je saurai bien mettre à exécution les ordres du seigneur Saffar! »

V

DE QUOI L'ON CAUSE ET CE QUE L'ON VOIT SUR LA ROUTE D'ATINA A TRÉBIZONDE.

S'ils étaient heureux de s'être retrouvés ainsi, ces deux fiancés, s'ils remercièrent Allah de ce providentiel hasard, qui avait conduit Ahmet à l'endroit même où la tempête allait jeter cette tartane, s'ils éprouvèrent une de ces émotions, mêlées de joie et d'épouvante, dont l'impression est ineffaçable, il est inutile d'y insister.

Mais, on le conçoit, ce qui s'était passé depuis leur départ d'Odessa, Ahmet, et non moins que lui, son oncle Kéraban, avaient une telle hâte de l'apprendre, qu'Amasia, aidée de Nedjeb, ne put tarder à en faire le récit dans tous ses détails.

Il va sans dire que des vêtements de rechange avaient été procurés aux deux jeunes filles, qu'Ahmet lui-même s'était vêtu d'un costume du pays, et que tous, maîtres et serviteurs, assis sur des escabeaux devant la flamme pétillante du foyer, n'avaient plus aucun souci de la tourmente qui déchaînait au dehors ses dernières violences.

Avec quelle émotion tous apprirent ce qui s'était passé à la villa Sélim, peu d'heures après que le seigneur Kéraban les eut entraînés sur les routes de la Chersonèse! Non! Ce n'était point pour vendre à la jeune fille des étoffes précieuses que Yarhud avait jeté l'ancre dans la petite baie, au pied même de l'habitation du banquier Sélim, c'était pour opérer un odieux rapt, et tout donnait à penser que l'affaire avait été préparée de longue main.

Les deux jeunes filles enlevées, la tartane avait immédiatement pris la mer. Mais ce que ni l'une ni l'autre ne put dire, ce qu'elles ignoraient encore, c'est que Sélim eût entendu leurs cris, c'est que ce malheureux père fût arrivé au moment où la *Guïdare* doublait les dernières roches de la petite baie, c'est que Sélim eût été atteint d'un coup de feu, tiré du pont de la tartane, et qu'il fût tombé, — mort peut-être! — sans avoir pu se mettre ni mettre aucun de ses gens à la poursuite des ravisseurs.

Quant à l'existence qui fut faite à bord aux deux jeunes filles, Amasia n'eut que peu de choses à dire à ce sujet. Le capitaine et son équipage avaient eu pour Nedjeb et pour elle des égards évidemment dus à quelque recommandation puissante. La chambre la plus confortable du petit bâtiment leur avait été réservée. Elles y prenaient leurs repas, elles y reposaient. Elles pouvaient monter sur le pont toutes les fois qu'elles le désiraient; mais elles se sentaient surveillées de près, pour le cas où, dans un moment de désespoir, elles eussent voulu se soustraire par la mort au sort qui les attendait.

Ahmet écoutait ce récit le cœur serré. Il se demandait si, dans cet enlèvement, le capitaine avait agi pour son propre compte, avec l'intention d'aller revendre ses prisonnières sur les marchés de l'Asie Mineure, — odieux trafic qui n'est pas rare, en effet! — ou si c'était pour le compte de quelque riche seigneur de l'Anatolie que le crime avait été commis.

A cela, et bien que la question leur eût été directement posée, ni Amasia ni Nedjeb ne purent répondre. Toutes les fois que, dans leur désespoir, implorant ou pleurant, elles avaient interrogé là-dessus Yarhud, celui-ci s'était toujours refusé à s'expliquer. Elles ne savaient donc ni pour qui avait agi le capitaine de la tartane, ni, — ce qu'Ahmet eût désiré surtout apprendre, — où devait les conduire la *Guïdare*.

Quant à la traversée, elle avait d'abord été bonne, mais lente, à cause des calmes qui s'étaient maintenus pendant une période de plusieurs jours. Il n'avait été que trop visible combien ces retards contrariaient le capitaine, peu enclin à dissimuler son impatience. Les deux jeunes filles en avaient donc conclu — Ahmet et le seigneur Kéraban furent de cette opinion — que Yarhud s'était engagé à arriver dans un délai convenu... mais où?... Cela, on l'ignorait, bien qu'il fût certain que c'était en quelque port de l'Asie Mineure que la *Guïdare* devait être attendue.

Enfin, les calmes cessèrent, et la tartane put reprendre sa marche vers l'est, ou, comme le dit Amasia, dans la direction du lever du soleil. Elle fit route ainsi pendant deux semaines, sans incidents; plusieurs fois, elle croisa, soit des navires à voiles, bâtiments de guerre ou de commerce, soit de ces rapides steamers qui coupent de leurs itinéraires réguliers cette immense aire de la mer Noire; mais alors, le capitaine Yarhud obligeait ses prisonnières à redescendre dans leur chambre, dans la crainte qu'elles ne fissent quelque signal de détresse qui aurait pu être aperçu.

Le temps devint peu à peu menaçant, puis mauvais, puis détestable. Deux jours avant le naufrag. de la *Guïdare*, une violente tempête se déclarae Amasia et Nedjeb comprirent bien, à la colère du capitaine, qu'il était forcé de modifier sa route, et que la tourmente le poussait là où il ne voulait point aller. Et alors, ce fut avec une sorte de bonheur que les deux jeunes filles se sentirent emportées par cette tempête, puisqu'elle les éliognait du but que la *Guïdare* voulait atteindre.

« Oui, cher Ahmet, dit Amasia pour achever son récit, en pensant au sort qui m'était destiné, en me voyant séparée de vous, entraînée là où vous ne m'auriez jamais revue, ma résolution était bien prise!... Nedjeb le savait!... Elle n'aurait pu m'empêcher de l'accomplir!... Et avant que la tartane n'eût atteint ce rivage maudit... je me serais précipitée dans les flots!... Mais la tempête est venue!... Ce qui devait nous perdre nous a sauvées!... Mon Ahmet, vous m'êtes apparu au milieu des lames furieuses!... Non!... jamais je n'oublierai...

— Chère Amasia..., répondit Ahmet, Allah a voulu que vous fussiez sauvée... et sauvée par moi!... Mais, si je n'avais précédé mon oncle, c'était lui qui se jetait à votre secours!

— Par Mahomet, je le crois bien! s'écria Kéraban.

— Et dire qu'un seigneur si entêté a si bon cœur! ne put s'empêcher de murmurer Nedjeb.

— Ah! cette petite qui me relance! riposta Kéraban. Et pourtant, mes amis, avouez que mon entêtement a quelquefois du bon!

— Quelquefois? demanda Van Mitten, très incrédule à ce sujet. Je voudrais bien savoir...

— Sans doute, ami Van Mitten! Si j'avais cédé aux fantaisies d'Ahmet, si nous avions pris les railways de la Crimée et du Caucase, au lieu de suivre la côte, Ahmet se serait-il trouvé là, au moment du naufrage, pour sauver sa fiancée?

— Non, sans doute, reprit Van Mitten; mais, ami Kéraban, si vous ne l'aviez forcé à quitter Odessa, sans doute aussi l'enlèvement ne se fût pas accompli et....

— Ah! c'est ainsi que vous raisonnez, Van Mitten! Vous voulez discuter à ce sujet?

— Non!... non!... répondit Ahmet, qui sentait bien que, dans une discussion présentée de la sorte, le Hollandais n'aurait pas le dessus. Il est un peu ard, d'ailleurs, pour raisonner et déraisonner sur le pour et le contre ! Mieux vaut prendre quelque repos...

— Afin de repartir demain ! dit Kéraban.

— Demain, mon oncle, demain ?... répondit Ahmet. Et ne faut-il pas qu'Amasia et Nedjeb...

— Oh ! je suis forte, Ahmet, et demain...

— Ah ! mon neveu, s'écria Kéraban, voilà que tu n'es plus si pressé, maintenant que ma petite Amasia est près de toi !... Et cependant, la fin du mois approche... la date fatale... et il y a là un intérêt qu'il ne faut pas négliger... et tu permettras à un vieux négociant d'être plus pratique que toi !... Donc, que chacun dorme de son mieux, et demain, lorsque nous aurons trouvé quelque moyen de transport, nous nous remettrons en route ! »

On s'installa donc du mieux qu'il fut possible dans la maison du pêcheur, et aussi bien, à coup sûr, que le seigneur Kéraban et ses compagnons l'eussent été dans une des auberges d'Atina. Tous, après tant d'émotions, furent heureux de se reposer pendant quelques heures, Van Mitten rêvant qu'il discutait encore avec son intraitable ami, celui-ci rêvant qu'il se trouvait face à face avec le seigneur Saffar, sur lequel il appelait toutes les malédictions d'Allah et de son prophète.

Seul, Ahmet ne put fermer l'œil un instant. De savoir dans quel but Amasia avait été enlevée par Yarhud, cela l'inquiétait, non plus pour le passé, mais pour l'avenir. Il se demandait si tout danger avait disparu avec le naufrage de la *Guïdare*. Certes, il avait lieu de croire que pas un des hommes de l'équipage n'avait survécu à la catastrophe, et il ignorait que le capitaine en fût sorti sain et sauf. Mais cette catastrophe serait bientôt connue dans ces parages. Celui pour le compte duquel agissait Yarhud, — quelque riche seigneur, sans doute, peut-être quelque pacha des provinces de l'Anatolie, — en serait rapidement instruit. Lui serait-il donc difficile de se remettre sur les traces de la jeune fille? Entre Trébizonde et Scutari, à travers cette province, presque déserte, traversée par l'itinéraire, les périls ne pourraient-ils être accumulés, les pièges tendus, les embûches préparées?

Ahmet prit donc la résolution de veiller avec le plus grand soin. Il ne se séparerait plus d'Amasia; il prendrait la direction de la petite caravane et choisirait, au besoin, quelque guide sûr, qui pourrait le diriger par les plus courtes voies du littoral.

En même temps, Ahmet résolut de mettre le banquier Sélim, le père d'Amasia, au courant de ce qui s'était passé depuis l'enlèvement de sa fille. Il importait, avant tout, que Sélim apprît qu'Amasia était sauvée, et qu'il eût soin de se trouver à Scutari pour l'époque convenue, c'est-à-dire dans une quinzaine de jours. Mais une lettre, expédiée d'Atina ou de Trébizonde, eût mis trop de temps à parvenir à Odessa. Aussi, Ahmet se décida-t-il, sans en rien dire à son oncle, — que le mot télégramme eût fait bondir, — à envoyer une dépêche à Sélim par le fil de Trébizonde. Il se promit aussi de lui marquer que tout danger n'était pas écarté, peut-être, et que Sélim ne devait pas hésiter à se porter au-devant de la petite caravane.

Le lendemain, dès qu'Ahmet se retrouva avec la jeune fille, il lui fit connaître ses projets, en partie du moins, sans insister à propos des périls qu'elle pouvait courir encore. Amasia ne vit qu'une chose en tout cela : c'est que son père allait être rassuré et dans le plus bref délai. Aussi avait-elle hâte d'être arrivée à Trébizonde, d'où serait expédié ce télégramme à l'insu de l'oncle Kéraban.

Après quelques heures de sommeil, tous étaient sur pied, Kéraban plus impatient que jamais, Van Mitten résigné à tous les caprices de son ami, Bruno serrant ce qui lui restait de ventre dans ses vêtements trop larges et ne répondant plus à son maître que par des monosyllabes.

Tout d'abord, Ahmet avait fouillé Atina, bourgade sans importance, qui, — son nom l'indique, — fut jadis l'« Athènes » du Pont-Euxin. Aussi y voit-on encore quelques colonnes d'ordre dorique, restes d'un temple de Pallas. Mais si ces ruines intéressèrent Van Mitten, elles laissèrent fort indifférent Ahmet. Combien il eût préféré trouver quelque véhicule moins rude, moins rudimentaire que la charrette prise à la frontière turco-russe! Mais il fallut en revenir à l'araba, qui fut spécialement réservée aux deux jeunes filles. De là, nécessité de se procurer d'autres montures, chevaux, ânes, mules ou mulets, afin que maîtres et serviteurs pussent atteindre Trébizonde.

Ah! que de regrets éprouva le seigneur Kéraban en songeant à sa chaise de poste brisée au railway de Poti! Et que de récriminations, avec invectives et menaces, il envoya à l'adresse de ce hautain Saffar, selon lui responsable de tout le mal!

Quant à Amasia et à Nedjeb, rien ne pouvait leur être plus agréable que de voyager en araba! Oui! c'était du nouveau, de l'imprévu! Elles ne l'eussent pas changée, cette charrette, pour le plus beau carrosse du Padischah! Comme elles seraient à l'aise sous la bâche imperméable, sur une fraîche litière qu'il était facile de renouveler à chaque relais! Et, de temps en temps, elles offriraient une place près d'elles au seigneur Kéraban, au jeune Ahmet, à M. Van Mitten! Et puis ces cavaliers qui les escorteraient comme des princesses!... Enfin, c'était charmant!

Il va sans dire que des réflexions de ce genre venaient de cette folle de Nedjeb, si portée à ne prendre les événements que par leurs bons côtés. Quant à Amasia, comment eût-elle eu la pensée de se plaindre, après tant d'épreuves, puisqu'Ahmet était près d'elle, puisque ce voyage allait s'achever dans des conditions si différentes et dans un délai si court! Et on atteindrait enfin Scutari!... Scutari!

« Je suis certaine, répétait Nedjeb, qu'en se dressant sur la pointe des pieds, on pourrait déjà l'apercevoir! »

En réalité, il n'y avait dans la petite troupe que deux hommes à se plaindre : le seigneur Kéraban, qui, faute d'un véhicule plus rapide, craignait quelque retard, et Bruno, qu'une étape de trente-cinq lieues, — trente-cinq lieues à dos de mule! — séparait encore de Trébizonde.

Là, par exemple, ainsi que le lui répétait Nizib, on se procurerait certainement un moyen de transport plus approprié aux chemins des longues plaines de l'Anatolie.

Donc, ce jour-là, 15 septembre, toute la caravane quitta la petite bourgade d'Atina, vers onze heures du matin. La tempête avait été si violente que cette violence s'était faite aux dépens de sa durée. Aussi, un calme presque complet régnait-il dans l'atmosphère. Les nuages, reportés vers les hautes couches de l'air, se reposaient, presque immobiles, encore tout lacérés des coups de l'ouragan. Par intervalles, le soleil lançait quelques rayons qui animaient le paysage. Seule, la mer, sourdement agitée, venait battre avec fracas la base rocheuse des falaises.

C'étaient les routes du Lazistan occidental que le seigneur Kéraban et ses compagnons descendaient alors, et aussi rapidement que possible, de manière à pouvoir franchir, avant le soir, la frontière du pachalik de Trébizonde. Ces routes n'étaient point désertes. Il y passait des caravanes, où les chameaux se comptaient par centaines; les oreilles étaient assourdies du son des grelots, des sonnettes, des cloches même qu'ils portaient au cou, en même temps que l'œil s'amusait aux couleurs violentes et variées de leurs pompons et de leurs tresses agrémentées de coquillages. Ces caravanes venaient de la Perse ou y retournaient.

Le littoral n'était pas plus désert que les routes. Toute une population de pêcheurs et chasseurs s'y était donné rendez-vous. Les pêcheurs, à la tombée de la nuit, avec leur barque dont l'arrière s'éclaire d'une résine enflammée, y prennent, par quantités considérables, cette espèce d'anchois, le « khamsi, » dont il se fait une consommation prodigieuse sur toute la côte anatolienne, et jusque dans les provinces de l'Arménie centrale. Quant aux chasseurs, ils n'ont rien à envier aux pêcheurs de khamsi pour l'abondance du gibier qu'ils recherchent de préférence. Des milliers d'oiseaux de mer de l'espèce des grèbes, des « koukarinas, » pullulent sur les rivages de cette portion de l'Asie Mineure. Aussi, est-ce par centaines de mille qu'ils fournissent des peaux fort recherchées, dont le prix assez élevé compense le déplacement, le temps, la fatigue, sans parler de ce que coûte la poudre employée à leur donner la chasse.

Vers trois heures après midi, la petite caravane fit halte à la bourgade de Mapavra, à l'embouchure de la rivière de ce nom, dont les eaux claires se mélangent au huileux liquide d'un courant de pétrole qui descend des sources voisines. A cette heure, il était un peu trop tôt pour dîner; mais, comme on ne devait arriver que fort tard au campement du soir, il parut sage de prendre quelque nourriture. Ce fut du moins l'avis de Bruno, et l'avis de Bruno l'emporta, non sans raison.

S'il y eut abondance de khamsi sur la table de l'auberge où le seigneur Kéraban et les siens avaient pris place, cela va sans dire. C'est là, d'ailleurs, le mets préféré dans ces pachaliks de l'Asie Mineure. On servit ces anchois salés ou frais au goût des amateurs, mais il y eut aussi quelques plats plus sérieux, auxquels on fit bon accueil. Et puis, il régnait tant de gaieté parmi ces convives, tant de bonne humeur! N'est-ce pas le meilleur assaisonnement de toutes choses en ce monde?

« Eh bien! Van Mitten, disait Kéraban, regrettez-vous encore l'entêtement, — entêtement légitime, — de votre ami et correspondant, qui vous a forcé de le suivre en un pareil voyage?

— Non, Kéraban, non! répondait Van Mitten, et je le recommencerai, quand il vous plaira!

— Nous verrons, nous verrons, Van Mitten! — Et toi, ma petite Amasia, que penses-tu de ce méchant oncle, qui t'avait enlevé ton Ahmet?

— Qu'il est toujours ce que je savais bien, le meilleur des hommes! répondit la jeune fille.

— Et le plus accommodant! ajouta Nedjeb. Il me semble même que le seigneur Kéraban ne s'entête plus autant qu'autrefois!

— Bon! voilà cette folle qui se moque de moi! s'écria Kéraban en riant d'un bon rire.

— Mais non, seigneur, mais non!

— Mais si, petite!... Bah! tu as raison!... Je ne discute plus!... Je ne m'entête plus!... L'ami Van Mitten, lui-même, ne parviendrait plus à me provoquer!

— Oh!... il faudrait voir cela!... répondit le Hollandais, en hochant la tête d'un air peu convaincu.

— C'est tout, vu Van Mitten!

— Si l'on vous mettait sur certains chapitres?

— Vous vous trompez bien! Je jure...

— Ne jurez pas!

— Mais si!... Je jurerai!... répondit Kéraban, qui commençait à s'animer quelque peu. Pourquoi ne jurerais-je pas?

— Parce que c'est souvent chose difficile à tenir un serment!

— Moins difficile à tenir que sa langue, en tout cas, Van Mitten, car il est certain qu'en ce moment et pour le plaisir de me contredire...

— Moi, ami Kéraban ?

— Vous !... et quand je vous répète que je suis résolu à ne plus jamais m'entêter sur rien, je vous prie de ne point vous entêter, vous, à me soutenir le contraire !

— Allons, vous avez tort, monsieur Van Mitten, dit Ahmet, grand tort, cette fois!

— Absolument tort !... dit Amasia en souriant.

— Tout à fait tort ! » ajouta Nedjeb.

Et le digne Hollandais, voyant la majorité s'élever contre lui, jugea bon de se taire.

Au fond, malgré tout ce qui était arrivé, malgré les leçons qu'il avait reçues et plus particulièrement dans ce voyage, si imprudemment commencé, qui aurait pu si mal finir, le seigneur Kéraban était-il aussi corrigé qu'il voulait le prétendre? on le verrait bien; mais, en vérité, tous étaient certainement de l'avis de Van Mitten ! Que les bosses de l'entêtement fussent maintenant réduites sur cette tête de têtu, il était quelque peu permis d'en douter !

« En route! dit Kéraban, lorsque le repas fut

achevé. Voilà un dîner qui n'a point été mauvais, mais j'en sais un meilleur !

— Et lequel ? demanda Van Mitten.

— Celui qui nous attend à Scutari ! »

On repartit vers quatre heures, et à huit heures du soir, on arrivait, sans mésaventure, à la petite bourgade de Rize, toute semée d'écueils au delà de ses grèves.

Là, il fallut passer la nuit dans une sorte de khan assez peu confortable, — si peu même que les deux jeunes filles préférèrent demeurer sous la bâche de leur araba. L'important était que les chevaux et les mules pussent trouver à se refaire de leurs fatigues. Heureusement, la paille et l'orge ne manquaient point aux râteliers. Le seigneur Kéraban et les siens n'eurent à leur disposition qu'une litière, mais sèche et fraîche, et ils surent s'en contenter. La nuit prochaine, ne devaient-ils pas la passer à Trébizonde, et avec tout le confortable que devait leur offrir cette importante ville dans le meilleur de ses hôtels ?

Quant à Ahmet, que la couche fût bonne ou mauvaise, peu lui importait. Sous l'obsession de certaines idées il n'aurait pu dormir. Il craignait toujours pour la sûreté de la jeune fille, et se disait que tout péril n'avait peut-être pas cessé avec le naufrage de la *Guïdare*. Il veilla donc, bien armé, aux abords du khan.

Ahmet faisait bien : il avait raison de craindre.

En effet, Yarhud, pendant cette journée, n'avait point perdu de vue la petite caravane. Il marchait sur ses traces, mais de manière à ne jamais se laisser voir, étant connu d'Ahmet aussi bien que des deux jeunes filles. Puis, il épiait, il combinait des plans pour ressaisir la proie qui lui était échappée, — et, à tout hasard, il avait écrit à Scarpante. Cet intendant du seigneur Saffar, suivant ce qui avait été convenu à l'entrevue de Constantinopple, devait être depuis quelque temps à Trébizonde. Aussi, fut-ce une lieue avant d'arriver à cette ville, au caravansérail de Rissar, que Yarhud lui avait donné rendez-vous pour le lendemain, sans lui rien dire du naufrage de la tartane ni de ses conséquences si funestes.

Donc, Ahmet n'avait que trop raison de veiller; ses pressentiments ne le trompaient pas. Yarhud, pendant la nuit, put même s'approcher assez près du khan pour s'assurer que les jeunes filles dormaient dans leur araba. Très heureusement pour lui, il s'aperçut à temps qu'Ahmet faisait bonne garde, et il parvint à s'éloigner sans avoir été vu.

Mais, cette fois, au lieu de rester sur les derrières de la caravane, le capitaine maltais se jeta vers l'ouest, sur la route de Trébizonde. Il lui importait de devancer le seigneur Kéraban et ses compagnons. Avant leur arrivée dans cette ville, il voulait avoir conféré avec Scarpante. Aussi, faisant faire un détour au cheval qu'il montait depuis son départ d'Atina, se dirigea-t-il rapidement vers le caravansérail de Rissar.

Allah est grand, soit! mais, en vérité, il aurait dû faire plus grandement les choses, et ne pas laisser le capitaine Yarhud survivre à cet équipage de coquins, disparu dans le naufrage de la *Guïdare!*

Le lendemain, 16 septembre, dès l'aube, tout le monde était sur pied, de belle humeur, — sauf Bruno, qui se demandait combien de livres il perdrait encore avant son arrivée à Scutari.

« Ma petite Amasia, dit le seigneur Kéraban en se frottant les mains, viens que je t'embrasse!

— Volontiers, mon oncle, dit la jeune fille, si toutefois vous me permettez de vous donner déjà ce nom?

— Si je te le permets, ma chère fille! Tu peux

même m'appeler ton père. Est-ce qu'Ahmet n'est pas mon fils ?

— Il l'est tellement, oncle Kéraban, dit Ahmet, qu'il vient vous donner un ordre, comme c'est le droit d'un fils envers son père !

— Et quel ordre ?

— Celui de partir à l'instant. Les chevaux sont prêts, et il faut que ce soir nous soyons à Trébizonde.

— Et nous y serons, s'écria Kéraban, et nous en repartirons le lendemain au soleil levant ! — Eh bien ! ami Van Mitten, il était donc écrit que vous verriez un jour Trébizonde !

— Oui ! Trébizonde !... Quel magnifique nom de ville ! répondit le Hollandais. Trébizonde et sa colline, où les Dix Mille célébrèrent des jeux et des combats gymniques sous la présidence de Dracontius, si j'en crois mon guide, qui me paraît fort bien rédigé ! En vérité, ami Kéraban, il ne me déplaît point de voir Trébizonde !

— Eh bien, de ce voyage, ami Van Mitten, avouez qu'il vous restera de fameux souvenirs !

— Ils auraient pu être plus complets !

— En somme, vous n'aurez pas eu lieu de vous plaindre !

— Ce n'est pas fini !... » murmura Bruno à l'oreille de son maître, comme un mauvais augure chargé de rappeler aux humains l'instabilité des choses humaines !

La caravane quitta le khan à sept heures du matin. Le temps s'améliorait de plus en plus, avec un beau ciel, mêlé de quelques brumes matinales que le soleil allait dissiper.

A midi, on s'arrêtait à la petite bourgade d'Of, sur l'Ophis des anciens, où se retrouve l'origine des grandes familles de la Grèce. On y déjeuna dans une modeste auberge, en utilisant les provisions que portait l'araba et qui touchaient à leur fin.

Au surplus, l'aubergiste n'avait guère la tête à lui, et, de s'occuper de ses clients, ce n'était point ce qui l'inquiétait alors. Non ! sa femme était gravement malade, à ce brave homme, et il n'y avait point de médecin dans le pays. Or, en faire venir un de Trébizonde, c'eût été bien cher pour un pauvre hôtelier !

Il s'ensuivit donc que le seigneur Kéraban, aidé en cela par son ami Van Mitten, crut devoir faire l'office de « hakim » ou docteur, et prescrivit quelques drogues très simples, qu'il serait facile de trouver à Trébizonde.

« Qu'Allah vous protège, seigneur! répondit le regardant époux de l'hôtelière, mais, ces drogues, qu'est-ce qu'elles pourront bien me coûter?

— Une vingtaine de piastres, répondit Kéraban.

— Une vingtaine de piastres! s'écria l'hôtelier. Eh! pour ce prix là, j'aurais de quoi m'acheter une autre femme! »

Et il s'en alla, non sans remercier ses hôtes de leurs bons conseils, dont il entendait bien ne point profiter.

« Voilà un mari pratique! dit Kéraban. Vous auriez dû vous marier dans ce pays-ci, ami Van Mitten!

— Peut-être! » répondit le Hollandais.

A cinq heures du soir, les voyageurs faisaient halte pour dîner à la bourgade de Surmenèh. Ils en repartaient à six, dans l'intention d'atteindre Trébizonde avant la fin du crépuscule. Mais il y eut quelque retard : une des roues de l'araba vint à se rompre à deux lieues de la ville, vers les neuf heures du soir. Force fut donc d'aller passer la nuit dans un caravansérail, élevé sur la route, — caravansérail bien connu des voyageurs qui fréquentent cette partie de l'Asie Mineure.

VI

OU IL EST QUESTIONS DE NOUVEAUX PERSONNAGES QUE LE SEIGNEUR KÉRABAN VA RENCONTRER AU CARAVANSÉRAIL DE RISSAR.

Le caravansérail de Rissar, comme toutes les constructions de ce genre, est parfaitement approprié au service des voyageurs qui y font halte avant d'entrer à Trébizonde. Son chef, son gardien, — ainsi qu'on voudra l'appeler, — un certain Turc, nommé Kidros, fin matois, plus rusé que ne le sont d'ordinaire les gens de sa race, le gérait avec grand soin. Il cherchait à contenter ses hôtes de passage, pour le plus grand avantage de ses intérêts qu'il entendait à merveille. Il était toujours de leurs avis, — même lorsqu'il s'agissait de régler des notes qu'il avait préalablement enflées, de manière à pouvoir les ramener à un total très rémunérateur encore, et cela par pure condescendance pour de si honorables voyageurs.

Voici en quoi consistait le caravansérail de Rissar. Une vaste cour fermée de quatre murs, avec large porte s'ouvrant sur la campagne. De chaque côté de cette porte, deux poivrières, ornées du pavillon turc, du haut desquelles on pouvait surveiller les environs, pour le cas où les routes n'eussent pas été sûres. Dans l'épaisseur de ces murs, un certain nombre de portes, donnant accès aux chambres isolées où les voyageurs venaient passer la nuit, car il était rare qu'elles fussent occupées pendant le jour. Au bord de la cour, quelques sycomores, jetant un peu d'ombre sur le sol sablé, auquel le soleil de midi n'épargnait point ses rayons. Au centre, un puits à fleur de terre, desservi par le chapelet sans fin d'une noria, dont les godets pouvaient se vider dans une sorte d'auge qui formait un bassin semi-circulaire. Au dehors, une rangée de box, abrités sous des hangars, où les chevaux trouvaient nourriture et litière en quantité suffisante. En arrière, des piquets auxquels on attachait mules et dromadaires, moins accoutumés que les chevaux au confortable d'une écurie.

Ce soir-là, le caravansérail, sans être entièrement occupé, comptait un certain nombre de voyageurs, les uns en route pour Trébizonde, les autres en route pour les provinces de l'Est, Arménie, Perse ou Kurdistan. Une vingtaine de chambres étaient retenues, et leurs hôtes, pour la plupart, y prenaient déjà leur repos.

Vers neuf heures, deux hommes seulement se promenaient dans la cour. Ils causaient avec vivacité et n'interrompaient leur conversation que pour aller au dehors jeter un regard impatient.

Ces deux hommes, vêtus de costumes très simples, de manière à ne point attirer l'attention des passants ou des voyageurs, étaient le seigneur Saffar et son intendant Scarpante.

« Je vous le répète, seigneur Saffar, disait ce dernier, c'est ici le caravansérail de Rissar! C'est ici et aujourd'hui même que la lettre de Yarhud nous donne rendez-vous!

— Le chien! s'écria Saffar. Comment se fait-il qu'il ne soit pas encore arrivé?

— Il ne peut tarder maintenant?

— Et pourquoi cette idée d'amener ici la jeune Amasia, au lieu de la conduire directement à Trébizonde? »

Saffar et Scarpante, on le voit, ignoraient le naufrage de la *Guïdare* et quelles en avaient été les conséquences.

« La lettre que Yarhud m'a adressée, reprit Scarpante, venait du port d'Atina. Elle ne dit rien au sujet de la jeune fille enlevée, et se borne à me prier de venir ce soir au caravansérail de Rissar.

— Et il n'est pas encore là! s'écria le seigneur Saffar, en faisant deux ou trois pas vers la porte. Ah! qu'il prenne garde de lasser ma patience! J'ai le pressentiment que quelque catastrophe...

— Pourquoi, seigneur Saffar? Le temps a été très mauvais sur la mer Noire! Il est probable que la tartane n'aura pu atteindre Trébizonde, et, sans doute, rejetée jusqu'au port d'Atina...

— Et qui nous dit, Scarpante, que Yarhud a d'abord pu réussir, lorsqu'il a tenté d'enlever la jeune fille, à Odessa?

— Yarhud est non seulement un hardi marin, seigneur Saffar, répondit Scarpante, c'est aussi un habile homme!

— Et l'habileté ne suffit pas toujours! » répondit d'une voix calme le capitaine maltais, qui depuis quelques instants se tenait immobile sur le seuil du caravansérail.

Le seigneur Saffar et Scarpante s'étaient aussitôt retournés, et l'intendant de s'écrier :

« Yarhud !

— Enfin, te voilà ! lui dit assez brutalement le seigneur Saffar, en marchant vers lui.

— Oui, seigneur Saffar, répondit le capitaine qui s'inclina respectueusement, oui !... me voilà... enfin !

— Et la fille du banquier Sélim ? demanda Saffar. Est-ce que tu n'as pu réussir à Odessa ?...

— La fille du banquier Sélim, répondit Yarhud, a été enlevée par moi, il y a environ six semaines, peu après le départ de son fiancé Ahmet, forcé de suivre son oncle dans un voyage autour de la mer Noire. J'ai immédiatement fait voile pour Trébizonde ; mais, avec ces temps d'équinoxe, ma tartane a été repoussée dans l'est, et, malgré tous mes efforts, elle est venue faire côte sur les roches d'Atina, où a péri tout mon équipage.

— Tout ton équipage !... s'écria Scarpante.

— Oui !

— Et Amasia ?... demanda vivement Saffar, que la perte de la *Guïdare* semblait peu toucher.

— Elle est sauvée, répondit Yarhud, sauvée avec la jeune suivante que j'avais dû enlever en même temps qu'elle !

— Mais si elle est sauvée... demanda Scarpante.

— Où est-elle? s'écria Saffar.

— Seigneur, répondit le capitaine maltais, la fatalité est contre moi, ou plutôt contre vous!

— Mais parle donc répliqua Saffar, dont toute l'attitude était pleine de menaces.

— La fille du banquier Sélim, répondit Yarhud, a été sauvée par son fiancé Ahmet, que le plus regrettable hasard venait d'amener sur le théâtre du naufrage!

— Sauvée... par lui?... s'écria Scarpante.

— Et, en ce moment?... demanda Saffar.

— En ce moment, cette jeune fille, sous la protection d'Ahmet, de l'oncle d'Ahmet et des quelques personnes qui les accompagnent, se dirige vers Trébizonde. De là, tous doivent gagner Scutari pour la célébration du mariage, qui doit être faite avant la fin de ce mois!

— Maladroit! s'écria le seigneur Saffar. Avoir laissé échapper Amasia au lieu de la sauver toi-même!

— Je l'eusse fait au péril de ma vie, seigneur Saffar, répondit Yarhud, et elle serait en ce moment dans votre palais, à Trébizonde, si cet Ahmet ne se fût trouvé là au moment où sombrait la *Guïdare!*

— Ah! tu es indigne des missions qu'on te confie! répliqua Saffar, qui ne put retenir un violent mouvement de colère.

— Veuillez m'écouter, seigneur Saffar, dit alors Scarpante. Avec un peu de calme, vous voudrez bien reconnaître que Yarhud a fait tout ce qu'il pouvait faire!

— Tout! répondit le capitaine maltais.

— Tout n'est pas assez, répondit Saffar, lorsqu'il s'agit d'accomplir un de mes ordres!

— Ce qui est passé est passé, seigneur Saffar! reprit Scarpante. Mais voyons le présent et examinons quelles chances il nous offre. La fille du banquier Sélim pouvait ne pas avoir été enlevée à Odessa... elle l'a été! Elle pouvait périr dans ce naufrage de la *Guïdare*... elle est vivante! Elle pouvait être déjà la femme de cet Ahmet... elle ne l'est pas encore!... Donc, rien n'est perdu!

— Non!... rien!... répondit Yarhud. Après le naufrage, j'ai suivi, j'ai épié Ahmet et ses compagnons depuis leur départ d'Atina! Ils voyagent sans défiance, et le chemin est long encore, à travers toute l'Anatolie, depuis Trébizonde jusqu'aux rives du Bosphore! Or, ni la jeune Amasia ni sa suivante ne savent quelle était la destination de la

Guïdare! De plus, personne ne connaît ni le seigneur Saffar, ni Scarpante ! Ne peut-on donc attirer cette petite caravane dans quelque piège, et...

— Scarpante, répondit froidement Saffar, cette jeune fille, il me la faut ! Si la fatalité s'est mise contre moi, je saurai lutter contre elle ! Il ne sera pas dit que l'un de mes désirs n'aura pas été satisfait !

— Et il le sera, seigneur Saffar ! répondit Scarpante. Oui ! entre Trébizonde et Scutari, au milieu de ces régions désertes, il serait possible... facile même... d'entraîner cette caravane... peut-être en lui donnant un guide qui saura l'égarer, puis, de la faire attaquer par une troupe d'hommes à votre solde !... Mais c'est là agir par la force, et si la ruse pouvait réussir, mieux vaudrait la ruse !

— Et comment l'employer ? demanda Saffar.

— Tu dis, Yarhud, reprit Scarpante en s'adressant au capitaine maltais, tu dis qu'Ahmet et ses compagnons se dirigent maintenant, à petites marches vers Trébizonde ?

— Oui, Scarpante, répondit Yarhud, et j'ajoute qu'ils passeront certainement cette nuit au caravansérail de Rissar.

— Eh bien, demanda Scarpante, ne pourrait-on

imaginer ici quelque empêchement, quelque mauvaise affaire... qui les retiendrait... qui séparerait la jeune Amasia de son fiancé?

— J'aurais plus de confiance dans la force! répondit brutalement Saffar.

— Soit, dit Scarpante, et nous l'emploierons si la ruse est impuissante! Mais laissez-moi attendre ici... observer...

— Silence, Scarpante, dit Yarhud en saisissant le bras de l'intendant, nous ne sommes plus seuls! »

En effet, deux hommes venaient d'entrer dans la cour. L'un était Kidros, le gardien du caravansérail, l'autre, un personnage important, — à l'entendre du moins, — et qu'il convient de présenter au lecteur.

Le seigneur Saffar, Scarpante et Yarhud se mirent à l'écart dans un coin obscur de la cour. De là, ils pouvaient écouter à leur aise, et d'autant plus facilement que le personnage en question ne se gênait guère pour parler d'une voix à la fois haute et hautaine.

C'était un seigneur Kurde. Il se nommait Yanar.

Cette région montagneuse de l'Asie, qui comprend l'ancienne Assyrie et l'ancienne Médie, est appelée Kurdistan dans la géographie moderne. Elle se divise en Kurdistan turc et en Kurdistan persan, suivant qu'elle confine à la Perse ou à la Turquie. Le Kurdistan turc, qui forme les pachaliks de Chehrezour et de Mossoul, ainsi qu'une partie de ceux de Van et de Bagdad, compte plusieurs centaines de mille habitants, et parmi eux, — nombre moins considérable, — ce seigneur Yanar, arrivé depuis la veille au caravansérail de Rissar, avec sa sœur, la noble Saraboul.

Le seigneur Yanar et sa sœur avaient quitté Mossoul depuis deux mois et voyageaient pour leur agrément. Ils se rendaient tous deux à Trébizonde, où ils comptaient faire un séjour de quelques semaines. La noble Saraboul, — on l'appelait ainsi dans son pachalik natal, — à l'âge de trente à trente-deux ans, était déjà veuve de trois seigneurs Kurdes. Ces divers époux n'avaient pu consacrer au bonheur de leur épouse qu'une vie malheureusement trop courte. Leur veuve, encore fort agréable de taille et de figure, se trouvait donc dans la situation d'une femme qui se laisserait volontiers consoler par un quatrième mari, de la perte des trois premiers. Chose difficile à réaliser, pour peu qu'on la connût, bien qu'elle fût riche et de bonne origine car, par l'impétuosité de ses manières, la violence d'un tempérament kurde, elle était de nature à effrayer n'importe quel prétendant à sa main, s'il s'en présentait. Son frère Yanar, qui s'était constitué son protecteur, son garde-de-corps, lui avait conseillé de voyager, — le hasard est si grand en voyage! Et voilà pourquoi ces deux personnages, échappés de leur Kurdistan, se trouvaient alors sur la route de Trébizonde.

Le seigneur Yanar était un homme de quarante-cinq ans, de haute taille, l'air peu endurant, la physionomie farouche, — un de ces matamores qui sont venus au monde en fronçant les sourcils. Avec son nez aquilin, ses yeux profondément enfoncés dans leur orbite, sa tête rasée, ses énormes moustaches, il se rapprochait plus du type arménien que du type turc. Coiffé d'un haut bonnet de feutre enroulé d'une pièce de soie d'un rouge éclatant, vêtu d'une robe à manches ouvertes sous une veste brodée d'or et d'un large pantalon qui lui tombait jusqu'à la cheville, chaussé de bottines de cuir passementé, à tiges plissées, la taille ceinte d'un châle de laine auquel s'accrochait toute une panoplie de poignards, de pistolets et de yatagans, il avait vraiment l'air terrible. Aussi maître Kidros ne lui parlait-il qu'avec une extrême déférence, dans l'attitude d'un homme qui serait obligé de faire des grâces devant la bouche d'un canon chargé à mitraille.

« Oui, seigneur Yanar, disait alors Kidros en soulignant chacune de ses paroles par les gestes les plus confirmatifs, je vous répète que le juge va arriver ici, ce soir-même, et que, demain matin, dès l'aube, il procédera à son enquête.

— Maître Kidros, répondit Yanar, vous êtes le maître de ce caravansérail, et qu'Allah vous étrangle, si vous ne tenez pas la main à ce que les voyageurs soient en sûreté ici !

— Certes, seigneur Yanar, certes !

— Eh bien, la nuit dernière, des malfaiteurs, voleurs ou autres, ont pénétré... ont eu l'audace de pénétrer dans la chambre de ma sœur, la noble Saraboul ! »

Et Yanar montrait une des portes ouvertes dans le mur qui fermait la cour à droite.

« Les coquins ! cria Kidros.

— Et nous ne quitterons pas le caravansérail, reprit Yanar, qu'ils n'aient été découverts, arrêtés, jugés et pendus ! »

Y avait-il eu véritablement tentative de vol pendant la nuit précédente, c'est ce dont maître Kidros ne paraissait pas être absolument convaincu. Ce qui était certain, c'est que la veuve inconsolée, réveillée pour un motif ou pour un autre, avait quitté sa chambre, effarée, poussant de grands cris, appelant son frère, que tout le caravansérail avait été mis en révolution, et que les malfaiteurs, en admettant qu'il y en eût, s'étaient échappés sans laisser de trace.

Quoi qu'il en fût, Scarpante, qui ne perdait pas un seul mot de cette conversation, se demanda immédiatement quel parti il y aurait à tirer de l'aventure.

« Or, nous sommes Kurdes! reprit le seigneur Yanar en se rengorgeant pour mieux donner à ce mot toute son importance, nous sommes des Kurdes de Mossoul, des Kurdes de la superbe capitale du Kurdistan, et nous n'admettrons jamais qu'un dommage quelconque ait pu être causé à des Kurdes, sans qu'une juste réparation n'en soit obtenue par justice!

— Mais seigneur, quel dommage? osa dire maître Kidros, en reculant de quelques pas, par prudence.

— Quel dommage? s'écria Yanar.

— Oui... seigneur!... Sans doute, des malfaiteurs ont tenté de s'introduire, la nuit dernière, dans la chambre de votre noble sœur, mais enfin ils n'ont rien dérobé...

— Rien!... répondit le seigneur Yanar, rien... en effet, mais grâce au courage de ma sœur, grâce à son énergie! N'est-elle pas aussi habile à manier un pistolet qu'un yatagan?

— Aussi, reprit maître Kidros, ces malfaiteurs, quels qu'ils soient, ont-ils pris la fuite!

— Et ils ont bien fait, maître Kidros! La noble, la vaillante Saraboul en eût exterminé deux sur deux, quatre sur quatre! C'est pourquoi, cette nuit encore, elle restera armée comme je le suis moi-même, et malheur à quiconque oserait s'approcher de sa chambre!

— Vous comprenez bien, seigneur Yanar, reprit maître Kidros, qu'il n'y a plus rien à craindre, et que ces voleurs, — si ce sont des voleurs, — ne se hasarderont plus à...

— Comment! si ce sont des voleurs! s'écria le seigneur Yanar d'une voix de tonnerre. Et que voulez-vous qu'ils soient, ces bandits?

— Peut-être... quelques présomptueux... quelques fous!... répondit Kidros, qui cherchait à défendre l'honorabilité de son établissement. Oui!... pourquoi pas... quelque amoureux attiré... entraîné... par les charmes de la noble Saraboul!..

— Par Mahomet, répondit le seigneur Yanar, en portant la main à sa panoplie, il ferait beau voir! L'honneur d'une Kurde serait en jeu? On aurait voulu attenter à l'honneur d'une Kurde!... Alors ce ne serait plus assez de l'arrestation, de l'emprisonnement, du pal!... Le plus épouvantable des supplices ne suffirait pas... à moins que l'audacieux n'eût une position et une fortune qui lui permissent de réparer sa faute!

— De grâce, veuillez vous calmer, seigneur Yanar, répondit maître Kidros, et prenez patience! L'enquête nous fera connaître l'auteur ou les auteurs de cet attentat. Je vous le répète, le juge a été mandé. J'ai été moi-même le chercher à Trébizonde, et, quand je lui ai raconté l'affaire, il m'a assuré qu'il avait un moyen à lui, — un moyen sûr, — de découvrir les malfaiteurs, quels qu'ils fussent!

— Et quel est ce moyen? demanda le seigneur Yanar d'un ton passablement ironique.

— Je l'ignore, répondit maître Kidros, mais le juge affirme que ce moyen est infaillible!

— Soit! dit le seigneur Yanar, nous verrons cela demain. Je me retire dans ma chambre, mais je veillerai... je veillerai en armes! »

Et ce disant, le terrible personnage se dirigea vers sa chambre, voisine de celle qu'occupait sa sœur. Là, il s'arrêta une dernière fois sur le seuil, et, tendant un bras menaçant vers la cour du caravansérail :

« On ne plaisante pas avec l'honneur d'une Kurde! » s'écria-t-il d'une voix formidable.

Puis il disparut.

Maître Kidros poussa un long soupir de soulagement.

« Enfin, se dit-il, nous verrons bien comment tout cela finira! Mais quant aux voleurs, s'il y en a jamais eu, mieux vaut qu'ils aient décampé! »

Pendant ce temps, Scarpante s'entretenait à voix basse avec le seigneur Saffar et Yarhud.

« Oui, leur disait-il, grâce à cette affaire, il y a peut-être quelque coup à tenter!

— Tu prétends?... demanda Saffar.

— Je prétends susciter ici même, à cet Ahmet, quelque désagréable aventure, qui pourrait bien le retenir plusieurs jours à Trébizonde et même le séparer de sa fiancée!

— Soit, mais si la ruse échoue...

— La force alors, » répondit Scarpante.

En ce moment, maître Kidros aperçut Saffar, Scarpante et Yarhud qu'il n'avait pas encore vus. Il s'avança vers eux, et, du ton le plus aimable :

« Vous demandez, seigneurs?... dit-il.

— Des voyageurs, qui doivent arriver d'un instant à l'autre pour passer la nuit au caravansérail, » répondit Scarpante.

A cet instant, quelque bruit se fit entendre au dehors, — le bruit d'une caravane, dont les chevaux ou les mulets s'arrêtaient à la porte extérieure.

« Les voici, sans doute? » dit maître Kidros.

Et il se dirigea vers le fond de la cour, pour aller à la rencontre des nouveaux arrivants.

« En effet, reprit-il, en s'arrêtant sur la porte, voici des voyageurs qui arrivent à cheval! Quelques riches personnages, sans doute, à en juger sur leur mine!... C'est bien le moins que j'aille au-devant d'eux leur offrir mes services ! »

Et il sortit.

Mais, en même temps que lui, Scarpante s'était avancé jusqu'à l'entrée de la cour, puis, regardant au dehors :

« Ces voyageurs, seraient-ce Ahmet et ses compagnons? demanda-t-il, en s'adressant au capitaine maltais.

— Ce sont eux! répondit Yarhud, qui recula vivement, afin de n'être point reconnu.

— Eux? s'écria le seigneur Saffar, en s'avançant à son tour, mais sans sortir de la cour du caravansérail.

— Oui!... répondit Yarhud, voilà bien Ahmet, sa fiancée, sa suivante... les deux serviteurs...

— Tenons-nous sur nos gardes! dit Scarpante, en faisant signe à Yarhud de se cacher.

— Et déjà vous pouvez entendre la voix du seigneur Kéraban? reprit le capitaine maltais.

— Kéraban?... » s'écria vivement Saffar.

Et il se précipita vers la porte.

« Mais qu'avez-vous donc, seigneur Saffar? demanda Scarpante, très surpris, et pourquoi ce nom de Kéraban vous cause-t-il une telle émotion?

— Lui!... C'est bien lui!... répondit Saffar. C'est ce voyageur, avec lequel je me suis déjà rencontré au railway du Caucase,... qui a voulu me tenir tête et empêcher mes chevaux de passer!

— Il vous connaît?

— Oui... et il ne me serait pas difficile de

reprendre ici la suite de cette querelle... de l'arrêter...

— Eh! cela n'arrêterait pas son neveu! répondit Scarpante.

— Je saurais bien me débarrasser du neveu comme de l'oncle!

— Non!... non!... pas de querelle!... pas de bruit!... répondit Scarpante en insistant. Croyez-moi, seigneur Saffar, que ce Kéraban ne puisse pas soupçonner votre présence ici! Qu'il ne sache pas que c'est pour votre compte que Yarhud a enlevé la fille du banquier Sélim!... Ce serait risquer de tout perdre!

— Soit! dit Saffar, je me retire et je me fie à ton adresse, Scarpante! Mais réussis!

— Je réussirai, seigneur Saffar, si vous me laissez agir! Retournez à Trébizonde, ce soir même...

— J'y retournerai.

— Toi aussi, Yarhud, quitte à l'instant le caravansérail! reprit Scarpante. On te connaît, et il ne faut pas que l'on te reconnaisse!

— Les voilà! dit Yarhud.

— Laissez-moi!... laissez-moi seul!... s'écria Scarpante en repoussant le capitaine de la *Guidare*.

— Mais comment disparaître sans être vu de ces gens-là? demanda Saffar.

— Par ici! » répondit Scarpante, en ouvrant une porte, percée dans le mur de gauche, et qui donnait accès sur la campagne.

Le seigneur Saffar et le capitaine maltais sortirent aussitôt.

« Il était temps! se dit Scarpante. Et maintenant, ayons l'œil et l'oreille ouverts! »

VII

DANS LEQUEL LE JUGE DE TRÉBIZOND PROCÈDE A SON ENQUÊTE D'UNE FAÇON ASSEZ INGÉNIEUSE.

En effet, le seigneur Kéraban et ses compagnons, après avoir laissé l'araba et leurs montures aux écuries extérieures, venaient d'entrer dans le caravansérail. Maître Kidros les accompagnait, ne leur ménageant point ses salamaleks les plus empressés, et il déposa dans un coin sa lanterne allumée, qui ne projetait qu'une assez faible clarté à l'intérieur de la cour.

« Oui, seigneur, répétait Kidros en se courbant, entrez!... Veuillez entrer!... C'est bien ici le caravansérail de Rissar.

— Et nous ne sommes qu'à deux lieues de Trébizonde? demanda le seigneur Kéraban.

— A deux lieues, au plus!

— Bien! Que l'on ait soin de nos chevaux. Nous les reprendrons demain au point du jour. »

Puis, se retournant vers Ahmet qui conduisait Amasia vers un banc, où elle s'assit avec Nedjeb :

« Voilà ! dit-il d'un ton de bonne humeur. Depuis que mon neveu a retrouvé cette petite, il ne s'occupe plus que d'elle, et c'est moi qui suis obligé de préparer nos étapes !

— C'est bien naturel, seigneur Kéraban ! A quoi servirait d'être oncle ? répondit Nedjeb.

— Il ne faut pas m'en vouloir ! dit Ahmet en souriant.

— Ni à moi, ajouta la jeune fille !

— Eh ! je n'en veux à personne !... pas même à ce brave Van Mitten, qui a pourtant eu l'idée... oui !... l'impardonnable idée de songer à m'abandonner en route !

— Oh ! ne parlons plus de cela, répliqua Van Mitten, ni maintenant, ni jamais !

— Par Mahomet ! s'écria le seigneur Kéraban, pourquoi n'en plus parler ?... Une bonne petite discussion là-dessus... ou même sur tout autre sujet... cela vous fouetterait le sang !

— Je croyais, mon oncle, fit observer Ahmet, que vous aviez pris la résolution de ne plus discuter.

— C'est juste ! Tu as raison, mon neveu, et si

l'on m'y reprend jamais, quand bien même j'aurais cent fois raison!...

— Nous verrons bien! murmura Nedjeb.

— D'ailleurs, reprit Van Mitten, ce qu'il y a de mieux à faire, je crois, c'est de nous reposer dans un bon sommeil de quelques heures!

— Si toutefois l'on peut dormir ici? murmura Bruno, d'assez mauvaise humeur comme toujours.

— Vous avez des chambres à nous donner pour la nuit? demanda Kéraban à maître Kidros.

— Oui, seigneur, répondit maître Kidros, et tout autant qu'il vous en faudra.

— Bien!... très bien!.. s'écria Kéraban. Demain nous serons à Trébizonde, puis, dans une dizaine de jours, à Scutari... où nous ferons un bon dîner... le dîner auquel je vous ai invité, ami Van Mitten!

— Vous nous devez bien cela, ami Kéraban!

— Un dîner... à Scutari?... dit Bruno à l'oreille de son maître. Oui!... si nous y arrivons jamais!

— Allons, Bruno, répliqua Van Mitten, un peu de courage, que diable!... ne fût-ce que pour l'honneur de notre Hollande!

— Eh! je lui ressemble, à notre Hollande! répondit Bruno en se tâtant sous ses vêtements trop larges. Comme elle, je suis tout en côtes! »

Scarpante, à l'écart, écoutait les propos qui s'échangeaient entre les voyageurs, et épiait le moment où, dans son intérêt, il lui conviendrait d'intervenir.

« Eh bien, demanda Kéraban, quelle est la chambre destinée à ces deux jeunes filles?

— Celle-ci, répondit maître Kidros en indiquant une porte qui s'ouvrait, dans le mur, à gauche.

— Alors, bonsoir, ma petite Amasia, répondit Kéraban, et qu'Allah te donne d'agréables rêves!

— Comme à vous, seigneur Kéraban, répondit la jeune fille. A demain, cher Ahmet!

— A demain, chère Amasia, répondit le jeune homme, après avoir pressé Amasia sur son cœur.

— Viens-tu, Nedjeb? dit Amasia.

— Je vous suis, chère maîtresse, répondit Nedjeb, mais je sais bien de qui nous serons à parler dans une heure encore! »

Les deux jeunes filles entrèrent dans la chambre par la porte que maître Kidros leur tenait ouverte.

« Et, maintenant, où coucheront ces deux braves garçons? demanda Kéraban, en montrant Bruno et Nizib.

— Dans une chambre extérieure, où je vais les conduire, » répondit maître Kidros.

Et, se dirigeant vers la porte du fond, il fit signe à Nizib et à Bruno de le suivre, — à quoi les deux « braves garçons, » éreintés par une longue journée de marche, obéirent, sans se faire prier, après avoir souhaité le bonsoir à leurs maîtres.

« Voici ou jamais le moment d'agir! » se dit Scarpante.

Le seigneur Kéraban, Van Mitten et Ahmet, en attendant le retour de Kidros, se promenaient dans la cour du caravansérail. L'oncle était d'une charmante humeur. Tout allait au gré de ses désirs. Il arriverait dans les délais voulus sur les rives du Bosphore. Il se réjouissait déjà à la mine que feraient les autorités ottomanes en le voyant apparaître! Pour Ahmet, le retour à Scutari, c'était la célébration tant souhaitée de son mariage! Pour Van Mitten, le retour... eh bien, c'était le retour !

« Ah ça ! est-ce qu'on nous oublie?... Et notre chambre,? » dit bientôt le seigneur Kéraban.

En se retournant, il aperçut Scarpante, qui s'était avancé lentement près de lui.

« Vous demandez la chambre destinée au seigneur Kéraban et à ses compagnons ? dit-il en s'inclinant, comme s'il eût été un des domestiques du caravansérail.

— Oui !

— La voici. »

Et Scarpante montra, à droite, la porte qui s'ouvrait sur un couloir où se trouvait la chambre occupée par la voyageuse kurde, près de celle où veillait le seigneur Yanar.

« Venez, mes amis, venez ! » répondit Kéraban en poussant vivement la porte que lui indiquait Scarpante.

Tous trois entrèrent dans le couloir, mais avant qu'ils n'eussent eu le temps de refermer cette porte, quelle agitation, quels cris, quelles clameurs ! Et quelle terrible voix de femme se fit entendre, à laquelle se mêla bientôt une voix d'homme !

Le seigneur Kéraban, Van Mitten, Ahmet, ne comprenant rien à ce qui se passait, s'étaient repliés vivement dans la cour du caravansérail.

Aussitôt les diverses portes s'ouvraient de toutes parts. Des voyageurs sortaient de leurs chambres. Amasia et Nedjeb reparaissaient au bruit. Bruno et Nizib rentraient par la gauche. Puis, au milieu de cette demi-obscurité, on voyait se dessiner la silhouette du farouche Yanar. Et, enfin, une femme se précipitait hors du couloir dans lequel le seigneur Kéraban et les siens s'étaient si imprudemment introduits !

« Au vol !... à l'attentat !... au meurtre ! » criait cette femme.

C'était la noble Saraboul, grande, forte, à la démarche énergique, à l'œil vif, au teint coloré, à la chevelure noire, aux lèvres impérieuses qui laissaient voir des dents inquiétantes, — en un mot, le seigneur Yanar en femme.

Évidemment, à toute conjoncture, la voyageuse veillait dans sa chambre, au moment où des intrus en avaient forcé la porte, car elle n'avait encore rien ôté de ses vêtements de jour, un « mintan » de drap avec broderies d'or aux manches et au corsage, une « entari » en soie éclatante semée de fusées jaunes et serrée à la taille par un châle où ne manquaient ni le pistolet damasquiné, ni le yatagan dans son fourreau de maroquin vert; sur la tête, un fez évasé, ceint de mouchoirs à couleurs voyantes, d'où pendait un long « puskul » comme le gland d'une sonnette ; aux pieds, des bottes de cuir rouge dans lesquelles se perdait le bas du « chalwar, » ce pantalon des femmes de l'Orient. Quelques voyageurs ont prétendu que la femme kurde, ainsi vêtue, ressemble à une guêpe! Soit!

La noble Saraboul n'était point faite pour démentir cette comparaison, et cette guêpe-là devait posséder un aiguillon redoutable !

« Quelle femme ! dit à mi-voix Van Mitten.

— Et quel homme ! » répondit le seigneur Kéraban, en montrant le frère Yanar.

Et alors celui-ci de s'écrier :

« Encore un nouvel attentat ! Qu'on arrête tout le monde !

— Tenons-nous bien, murmura Ahmet à l'oreille de son oncle, car je crains que nous ne soyons cause de tout ce tapage !

— Bah ! personne ne nous a vus, répondit Kéraban, et Mahomet lui-même ne nous reconnaîtrait pas !

— Qu'y a-t-il, Ahmet ? demanda la jeune fille, qui venait d'accourir près de son fiancé.

— Rien ! chère Amasia, répondit Ahmet, rien ! »

En ce moment, maître Kidros apparut sur le seuil de la grande porte, au fond de la cour, et s'écria :

« Oui ! vous arrivez à propos, monsieur le juge ! »

En effet, le juge, mandé à Trébizonde, venait d'arriver au caravansérail, où il devait passer la nuit, afin de procéder le lendemain à l'enquête réclamée par le couple kurde. Il était suivi de son greffier et s'arrêta sur le seuil.

« Comment, dit-il, ces coquins auraient recommencé leur tentative de la nuit dernière ?

— Il paraît, monsieur le juge, répondit maître Kidros.

— Que les portes du caravansérail soient fermées, dit le magistrat d'une voix grave. Défense à qui que ce soit de sortir sans ma permission ! »

Ces ordres furent aussitôt exécutés, et tous les voyageurs passèrent à l'état de prisonniers, auxquels le caravansérail allait servir momentanément de prison.

« Et maintenant, juge, dit la noble Saraboul, je demande justice contre ces malfaiteurs, qui n'ont pas craint, pour la seconde fois, de s'attaquer à une femme sans défense...

— Non seulement à une femme, mais à une Kurde ! » ajouta le seigneur Yanar avec un geste menaçant.

Scarpante, on le croira sans peine, suivait toute cette scène sans en rien perdre.

Le juge, — une figure finaude, s'il en fut, avec deux yeux en trous de vrille, un nez pointu, une bouche serrée, qui disparaissait dans les flocons de sa barbe, — cherchait à dévisager les personnes enfermées dans le caravansérail, ce qui ne laissait pas d'être assez difficile, avec le peu de clarté que répandait l'unique lanterne déposée dans un coin de la cour. Cet examen rapidement fait, s'adressant à la noble voyageuse :

« Vous affirmez, lui demanda-t-il, que, la nuit dernière, des malfaiteurs ont tenté de s'introduire dans votre chambre ?

— Je l'affirme !

— Et qu'ils viennent de recommencer leur criminelle tentative ?

— Eux ou d'autres !

— Il n'y a qu'un instant ?

— Il n'y a qu'un instant !

— Les reconnaîtriez-vous ?

— Non !... Ma chambre était sombre, cette cour aussi, et je n'ai pu voir leur visage !

— Étaient-ils nombreux ?

— Je l'ignore !

— Nous le saurons, ma sœur, s'écria le seigneur Yanar, nous le saurons, et malheur à ces coquins ! »

En ce moment, le seigneur Kéraban répétait à l'oreille de Van Mitten :

« Il n'y a rien à craindre ! Personne ne nous a vus !

— Heureusement, répondit le Hollandais, incomplètement rassuré sur les suites de cette aventure, car, avec ces diables de Kurdes, l'affaire serait mauvaise pour nous ! »

Cependant, le juge allait et venait. Il ne semblait pas savoir quel parti prendre, au grand déplaisir des plaignants.

« Juge, reprit la noble Saraboul, en croisant ses bras sur sa poitrine, la justice restera-t-elle désarmée entre vos mains ?... Ne sommes-nous pas des sujets du Sultan, qui ont droit à sa protection ?... Une femme de ma sorte aurait été victime d'un pareil attentat, et les coupables, qui n'ont pu s'enfuir, échapperaient au châtiment ?

— Elle est vraiment superbe, cette Kurde ! fit très justement observer le seigneur Kéraban.

— Superbe... mais effrayante ! répondit Van Mitten.

— Que décidez-vous, juge ? demanda le seigneur Yanar.

— Qu'on apporte des flambeaux, des torches ! s'écria la noble Saraboul !... Alors je verrai... je chercherai... je reconnaîtrai peut-être les malfaiteurs qui ont osé...

— C'est inutile, répondit le juge. Je me charge, moi, de découvrir le ou les coupables!

— Sans lumière?...

— Sans lumière! »

Et, sur cette réponse, le juge fit un signe à son greffier, qui sortit par la porte du fond, après avoir fait un geste affirmatif.

Pendant ce temps, le Hollandais ne pouvait s'empêcher de dire tout bas à son ami Kéraban :

« Je ne sais pourquoi, mais je ne me sens pas très rassuré sur l'issue de cette affaire!

— Eh, par Allah! vous avez toujours peur! » répondit Kéraban.

Tous se taisaient alors, attendant le retour du greffier, non sans un sentiment de curiosité bien naturelle.

« Ainsi, juge, demanda le seigneur Yanar, vous prétendez, au milieu de cette obscurité, reconnaître...

— Moi?... non!... répondit le juge. Aussi vais-je charger de ce soin un intelligent animal, qui m'est plus d'une fois et très adroitement venu en aide dans mes enquêtes.

— Un animal? s'écria la voyageuse.

— Oui... une chèvre... une fine et maligne bête,

qui, elle, saura bien dénoncer le coupable, si le coupable est encore ici. Or, il doit y être, puisque personne n'a pu quitter la cour du caravansérail, depuis l'instant où a été commis l'attentat.

— Il est fou, ce juge! » murmura le seigneur Kéraban.

A ce moment, le greffier rentra, tirant par son licol une chèvre qu'il amena au milieu de la cour.

C'était un gentil animal, de l'espèce de ces égagres, dont les intestins contiennent quelquefois une concrétion pierreuse, le bézoard qui est si estimé en Orient pour ses prétendues qualités hygiéniques. Cette chèvre, avec son museau délié, sa barbiche frisotante, son regard intelligent, en un mot avec sa « physionomie spirituelle, » semblait être digne de ce rôle de devineresse que son maître l'appelait à jouer. On rencontre, par grandes quantités, des troupeaux de ces égagres, répandus dans toute l'Asie Mineure, l'Anatolie, l'Arménie, la Perse, et ils sont remarquables par la finesse de leur vue, de leur ouïe, de leur odorat et leur étonnante agilité.

Cette chèvre, — dont le juge prisait si fort la sagacité, — était de taille moyenne, blanchâtre au ventre, à la poitrine, au cou, mais noire au front, au menton et sur la ligne médiane du dos. Elle s'était gracieusement couchée sur le sable, et, d'un air malin, en remuant ses petites cornes, elle regardait « la société. »

« Quelle jolie bête! s'écria Nedjeb.

— Mais que veut donc faire ce juge? demanda Amasia.

— Quelque sorcellerie, sans doute, répondit Ahmet, et à laquelle ces ignorants vont se laisser prendre! »

C'était bien aussi l'opinion du seigneur Kéraban qui ne se gênait point de hausser les épaules, tandis que Van Mitten regardait ces préparatifs d'un air quelque peu inquiet.

« Comment, juge, dit alors la noble Saraboul, c'est à cette chèvre que vous allez demander de reconnaître les coupables?

— A elle-même, répondit le juge.

— Et elle répondra?...

— Elle répondra!

— De quelle façon? demanda le seigneur Yanar, parfaitement disposé à admettre, en sa qualité de Kurde, tout ce qui présentait quelque apparence de superstition.

— Rien n'est plus simple, répondit le juge.

Chacun des voyageurs présents va venir, l'un après l'autre, passer la main sur le dos de cette chèvre et, dès qu'elle sentira la main du coupable, cette fine bête le désignera aussitôt par un bêlement.

— Ce bonhomme-là est tout simplement un sorcier de foire! murmura Kéraban.

— Mais, juge, jamais... fit observer la noble Saraboul, jamais un simple animal...

— Vous allez bien le voir!

— Et pourquoi pas?... répondit le seigneur Yanar. Aussi, bien que je ne puisse être accusé de cet attentat, je vais donner l'exemple et commencer l'épreuve. »

Ce disant, Yanar, allant près de la chèvre qui restait immobile, lui passa la main sur le dos depuis le cou jusqu'à la queue.

La chèvre resta muette.

« Aux autres, » dit le juge.

Et, successivement, les voyageurs, rassemblés dans la cour du caravansérail, imitèrent le seigneur Yanar, et caressèrent le dos de l'animal; mais ils n'étaient pas coupables, sans doute, puisque la chèvre ne fit entendre aucun bêlement accusateur.

VIII

QUI FINIT D'UNE MANIÈRE TRÈS INATTENDUE, SURTOUT POUR L'AMI VAN MITTEN.

Pendant la durée de cette épreuve, le seigneur Kéraban avait pris à part son ami Van Mitten et son neveu Ahmet. Et voici le bout de dialogue qui s'échangeait entre eux, — dialogue dans lequel l'incorrigible personnage, oubliant ses bonnes résolutions de ne plus s'entêter à rien, allait encore imposer à autrui sa manière de voir et sa manière de faire.

« Eh! mes amis, dit-il, ce sorcier me paraît être tout simplement le dernier des imbéciles!

— Pourquoi? demanda le Hollandais.

— Parce que rien n'empêche le coupable ou les coupables, — nous, par exemple, — de faire semblant de caresser cette chèvre, en lui passant la main au-dessus du dos, sans y toucher! Au moins, ce juge aurait-il dû agir en pleine lumière, afin d'empêcher toute supercherie!... Mais dans l'ombre, c'est absurde !

— En effet, dit Van Mitten...

— Ainsi vais-je faire, reprit Kéraban, et je vous engage fort à suivre mon exemple.

— Eh! mon oncle, reprit Ahmet, qu'on lui caresse ou qu'on ne lui caresse pas le dos, vous savez bien que cet animal ne bêlera pas plus pour les innocents que pour les coupables !

— Évidemment, Ahmet, mais puisque ce bonhomme de juge est assez simple pour opérer de la sorte, je prétends être moins simple que lui, et je ne toucherai pas à sa bête!... Et je vous prie même de faire comme moi !

— Mais, mon oncle?...

— Ah! pas de discussion là-dessus, répondit Kéraban, qui commençait à s'échauffer.

— Cependant... dit le Hollandais.

— Van Mitten, si vous étiez assez naïf pour frotter le dos de cette chèvre je ne vous le pardonnerais pas !

— Soit! Je ne frotterai rien du tout, pour ne point vous désobliger, ami Kéraban!... Peu importe, d'ailleurs, puisque, dans l'ombre, on ne nous verra pas! »

La plupart des voyageurs avaient alors achevé de subir l'épreuve, et la chèvre n'avait encore accusé personne.

« A notre tour, Bruno, dit Nizib.

— Mon Dieu ! que ces Orientaux sont stupides de s'en rapporter à cette bête ! » répondit Bruno.

Et, l'un après l'autre, ils allèrent caresser le dos de la chèvre, qui ne bêla pas plus pour eux que pour les voyageurs précédents.

« Mais il ne dit rien, votre animal ! s'écria la noble Saraboul, en interpellant le juge.

— Est-ce une plaisanterie ? ajouta le seigneur Yanar. C'est qu'il ne ferait pas bon plaisanter avec des Kurdes !

— Patience ! répondit le juge en secouant la tête d'un air malin, si la chèvre n'a pas bêlé, c'est que le coupable ne l'a pas touchée encore.

— Diable ! il n'y a plus que nous ! murmura Van Mitten, qui, sans trop savoir pourquoi, laissait percer quelque vague inquiétude.

— A notre tour, dit Ahmet.

— Oui !... à moi d'abord ! » répondit Kéraban.

Et, en passant devant son ami et son neveu :

« N'y touchez pas, surtout ! » répéta-t-il à voix basse.

Puis, étendant la main au-dessus de la chèvre, il feignit de lui caresser lentement le dos, mais sans frôler un seul de ses poils.

La chèvre ne bêla pas.

« Voilà qui est rassurant! » dit Ahmet.

Et, suivant l'exemple de son oncle, à peine sa main effleura-t-elle le dos de la chèvre.

La chèvre ne bêla pas.

C'était au tour du Hollandais. Van Mitten, le dernier de tous, allait tenter l'épreuve ordonnée par le juge. Il s'avança donc vers l'animal, qui semblait le regarder en dessous; mais lui aussi, pour ne point déplaire à son ami Kéraban, il se contenta de promener doucement sa main au-dessus du dos de la chèvre.

La chèvre ne bêla pas.

Il y eut un « oh! » de surprise, et un « ah! » de satisfaction dans toute l'assistance.

« Décidément, votre chèvre n'est qu'une brute!... s'écria Yanar d'une voix de tonnerre.

— Elle n'a pas reconnu le coupable, s'écria à son tour la noble Kurde, et, pourtant, le coupable est ici, puisque personne n'a pu sortir de cette cour!

— Hein! fit Kéraban, ce juge, avec sa bête si maligne, est-il assez ridicule, Van Mitten?

— En effet! répondit Van Mitten, absolument rassuré maintenant sur l'issue de l'épreuve.

— Pauvre petite chèvre, dit Nedjeb à sa maîtresse, est-ce qu'on va lui faire du mal, puisqu'elle n'a rien dit? »

Chacun regardait alors le juge, dont l'œil, tout émerillonné de malice, brillait dans l'ombre comme une escarboucle.

« Et maintenant, monsieur le juge, dit Kéraban d'un ton quelque peu sarcastique, maintenant que votre enquête est terminée, rien ne s'oppose, je pense, à ce que nous nous retirions dans nos chambres...

— Cela ne sera pas! s'écria la voyageuse irritée. Non! cela ne sera pas! Un crime a été commis...

— Eh! madame la Kurde! répliqua Kéraban, non sans aigreur, vous n'avez pas la prétention d'empêcher d'honnêtes gens d'aller dormir, quand ils en ont envie!

— Vous le prenez sur un ton, monsieur le Turc!... s'écria le seigneur Yanar.

— Sur le ton qui convient, monsieur le Kurde! » riposta le seigneur Kéraban.

Scarpante, pensant que le coup tenté par lui était manqué, puisque les coupables n'avaient point été reconnus, ne vit pas sans une certaine satisfaction cette querelle qui mettait aux prises le seigneur Kéraban et le seigneur Yanar. De là, surgirait peut-être une complication de nature à servir ses projets.

Et, en effet, la dispute s'accentuait, entre ces deux personnages. Kéraban se fût plutôt laissé arrêter, condamner, que de n'avoir pas le dernier mot. Ahmet, lui-même, allait intervenir pour soutenir son oncle, lorsque le juge dit simplement :

« Rangez-vous tous, et qu'on apporte des lumières ! »

Maître Kidros, à qui s'adressait cet ordre, s'empressa de le faire exécuter. Un instant après, quatre serviteurs du caravansérail entraient avec des torches, et la cour s'éclairait vivement.

« Que chacun lève la main droite ! » dit le juge.

Sur cette injonction, toutes les mains droites furent levées.

Toutes étaient noires à la paume et aux doigts, toutes, — excepté celles du seigneur Kéraban, d'Ahmet et de Van Mitten.

Et aussitôt le juge les désignant tous trois :

« Les malfaiteurs.... les voilà! dit-il.

— Hein ! fit Kéraban.

— Nous ?... s'écria le Hollandais, sans rien comprendre à cette affirmation inattendue.

— Oui !... eux ! reprit le juge ! Qu'ils aient craint ou non d'être dénoncés par la chèvre, peu importe ! Ce qui est certain, c'est que se sachant coupables au lieu de caresser le dos de cet animal, qui était enduit d'une couche de suie, ils n'ont fait que passer leur main au-dessus et se sont accusés eux-mêmes ! »

Un murmure flatteur, — très flatteur pour l'ingéniosité du juge — s'éleva aussitôt, tandis que le seigneur Kéraban et ses compagnons, fort désappointés, baissaient la tête.

« Ainsi, dit le seigneur Yanar, ce sont ces trois malfaiteurs qui ont osé la nuit dernière...

— Eh ! la nuit dernière, s'écria Ahmet, nous étions à dix lieues du caravansérail de Rissar !

— Qui le prouve ?... répliqua le juge. En tout cas, il n'y a qu'un instant, c'est vous qui avez tenté de vous introduire dans la chambre de cette noble voyageuse !

— Eh bien, oui, s'écria Kéraban, furieux de s'être si maladroitement laissé prendre à ce piège, oui !... c'est nous qui sommes entrés dans ce couloir ! Mais ce n'est qu'une erreur de notre part... ou plutôt une erreur de l'un des serviteurs du caravansérail!

— Vraiment! répondit ironiquement le seigneur Yanar.

— Sans doute! On nous avait indiqué la chambre de cette dame comme étant la nôtre!...

— A d'autres! dit le juge.

— Allons, pincés, se dit Bruno à part lui, l'oncle, le neveu, et mon maître avec! »

Le fait est que, quel que fût son aplomb habituel, le seigneur Kéraban était absolument décontenancé, et il le fut bien davantage, lorsque le juge dit, en se tournant vers Van Mitten, Ahmet et lui :

« Qu'on les mène en prison!

— Oui!... en prison! » répéta le seigneur Yanar.

Et tous ces voyageurs, auxquels se joignirent les gens du caravansérail, de s'écrier :

« En prison!... En prison! »

En somme, à voir la tournure que prenaient les choses, Scarpante ne pouvait que s'applaudir de ce qu'il avait fait. Le seigneur Kéraban, Van Mitten, Ahmet, tenus sous les verroux, c'était, à la fois, le voyage interrompu, un retard apporté à la célébration du mariage, c'était surtout la séparation immédiate d'Amasia et de son fiancé, la possibilité d'agir dans des conditions meilleures et de reprendre la tentative qui venait d'échouer avec le capitaine maltais.

Ahmet, songeant aux conséquences de cette aventure, à la pensée d'être séparé d'Amasia, fut pris d'un sentiment de mauvaise humeur contre son oncle. N'était-ce pas le seigneur Kéraban, qui, par une obstination nouvelle, les avait jetés dans cet embarras? Ne les avait-il pas empêchés, ne leur avait-il pas positivement défendu de caresser cette chèvre, et cela pour faire pièce à ce bonhomme de juge, qui, au bout du compte, s'était montré plus fin qu'eux? A qui la faute, s'ils venaient de tomber dans ce piège tendu à leur simplicité, et s'ils étaient menacés d'aller en prison, au moins pour quelques jours?

Aussi, de son côté, le seigneur Kéraban enrageait-il sourdement, en pensant au peu de temps qui lui restait pour accomplir son voyage, s'il voulait arriver à Scutari dans les délais déterminés. Encore un entêtement aussi inutile qu'absurde qui pouvait coûter toute une fortune à son neveu!

Quant à Van Mitten, il regardait à droite, à gauché, se balançant d'une jambe sur l'autre, très embarrassé de sa personne, osant à peine lever le yeux sur Bruno, qui semblait lui répéter ces paroles de mauvais augure :

« Ne vous avais-je pas prévenu, monsieur, que tôt ou tard il vous arriverait malheur! »

Et, adressant à son ami Kéraban ce simple reproche, en somme bien mérité :

« Aussi, dit-il, pourquoi nous avoir empêchés de passer la main sur le dos de cet inoffensif animal! »

Pour la première fois de sa vie, le seigneur Kéraban resta sans pouvoir répondre.

Cependant, les cris : en prison! retentissaient avec plus d'énergie, et Scarpante, — cela va de soi — ne se gênait guère pour crier plus haut que les autres.

« Oui, en prison, ces malfaiteurs! répéta le vindicatif Yanar, tout disposé à prêter main-forte à l'autorité, s'il le fallait. Qu'on les mène en prison!... En prison, tous les trois!...

— Oui!... tous les trois.... à moins que l'un d'eux ne s'accuse! répondit la noble Saraboul, qui n'aurait pas voulu que deux innocents payassent pour un coupable.

— C'est de toute équité! ajouta le juge. Eh bien, lequel de vous a tenté de s'introduire dans cette chambre? »

Il y eut un moment d'indécision dans l'esprit des trois accusés, mais il ne fut pas de longue durée.

Le seigneur Kéraban avait demandé au juge la permission de s'entretenir un instant avec ses deux compagnons, — ce qui lui fut accordé; puis, prenant à part Ahmet et Van Mitten, de ce ton qui n'admettait pas de réplique:

« Mes amis, leur dit-il, il n'y a véritablement qu'une chose à faire! Il faut que l'un de nous prenne à son compte toute cette sotte aventure, qui n'a rien de grave! »

Ici, le Hollandais commença, comme par pressentiment, à dresser l'oreille.

« Or, reprit Kéraban, le choix ne peut être douteux. La présence d'Ahmet, dans un très court délai, est nécessaire à Scutari pour la célébration de son mariage!

— Oui, mon oncle, oui! répondit Ahmet.

— La mienne aussi, naturellement, puisque je dois l'assister en ma qualité de tuteur!

— Hein?... fit Van Mitten.

— Donc, ami Mitten, reprit Kéraban, il n'y a pas d'objection possible, je crois! Il faut vous dévouer!

— Moi... que?...

— Il faut vous accuser!... Que risquez-vous?... Quelques jours de prison?... Bagatelle!... Nous saurons bien vous tirer de là!

— Mais... répondit Van Mitten, auquel il semblait qu'on disposait un peu bien sans façon de sa personne.

— Cher monsieur Van Mitten, reprit Ahmet, il le faut!... Au nom d'Amasia, je vous en supplie!... Voulez-vous que tout son avenir soit perdu, que, faute d'arriver en temps voulu à Scutari...

— Oh! monsieur Van Mitten! vint dire la jeune fille, qui avait entendu ce colloque.

— Quoi... vous voudriez?... répétait Van Mitten.

— Hum! se dit Bruno, qui comprenait bien ce qui se passait là, encore une nouvelle sottise qu'ils vont faire commettre à mon maître!

— Monsieur Van Mitten!... reprit Ahmet.

— Voyons... un bon mouvement! » dit Kéraban en lui serrant la main à la briser.

Cependant, les cris : « en prison! en prison! » devenaient de plus en plus pressants.

Le malheureux Hollandais ne savait plus que faire ni à qui entendre. Il disait oui de la tête, puis, il disait non.

Au moment où les gens du caravansérail s'avançaient pour saisir les trois coupables sur un geste du juge :

« Arrêtez! dit Van Mitten, d'une voix qui n'avait rien de bien convaincu. Arrêtez!... Je crois bien que c'est moi qui ai...

— Bon! fit Bruno, cela y est!

— Coup manqué! se dit Scarpante, sans avoir pu retenir un violent mouvement de dépit.

— C'est vous?... demanda le juge au Hollandais.

— Moi!... oui... moi!

— Bon monsieur Van Mitten! murmura la jeune fille à l'oreille du digne homme.

— Oh! oui! » ajouta Nedjeb.

Pendant ce temps, que faisait la noble Saraboul? Eh bien, cette intelligente femme observait, non sans intérêt, celui qui avait eu l'audace de s'attaquer à elle.

« Ainsi, demanda le seigneur Yanar, c'est vous qui avez osé pénétrer dans la chambre de cette noble Kurde!

— Oui!... répondit Van Mitten.

— Vous n'avez pourtant pas l'air d'un voleur!

— Un voleur!... Moi!... un négociant! Moi! un Hollandais... de Rotterdam! Ah! mais non!... s'écria Van Mitten, qui, devant cette accusation, ne put retenir un cri d'indignation bien naturel.

— Mais alors... dit Yanar.

— Alors... dit Saraboul, alors... c'est donc mon honneur que vous avez tenté de compromettre?

— L'honneur d'une Kurde! s'écria le seigneur Yanar, en portant la main à son yatagan.

— Vraiment, il n'est pas mal, ce Hollandais! répétait la noble voyageuse, en minaudant quelque peu.

— Eh bien, tout votre sang ne suffira pas à payer un pareil outrage! reprit Yanar.

— Mon frère... mon frère!

— Si vous vous refusez à réparer le tort....

— Hein! fit Ahmet.

— Vous épouserez ma sœur, ou sinon...

— Par Allah! se dit Kéraban, voilà bien une autre complication, maintenant!

— Epouser?... moi!... épouser!... répétait Van Mitten, en levant les bras au ciel.

— Vous refusez? s'écria le seigneur Yanar.

— Si je refuse!... Si je refuse!... répondit Van

Mitten, au comble de l'épouvante. Mais je suis déjà... »

Van Mitten n'eut pas le temps d'achever sa phrase. Le seigneur Kéraban venait de lui saisir le bras.

« Pas un mot de plus !... lui dit-il. Consentez !... Il le faut !... Pas d'hésitation !

— Moi consentir? Moi... déjà marié ?... moi, répliqua Van Mitten, moi, bigame !

— En Turquie... bigame, trigame... quadrugame !... C'est parfaitement permis !... Donc, dites oui !

— Mais ?...

— Epousez, Van Mitten, épousez !... De cette manière, vous n'aurez pas même à faire une heure de prison ! Nous continuerons le voyage tous ensemble ! Puis, une fois à Scutari, vous prendrez par le plus court, et bonsoir à la nouvelle madame Van Mitten !

— Pour le coup, ami Kéraban, vous me demandez là une chose impossible ! répondit le Hollandais.

— Il le faut, ou tout est perdu ! »

En ce moment, le seigneur Yanar, saisissant Van Mitten par le bras droit, lui disait :

« Il le faut?

— Il le faut ! répéta Saraboul, qui vint à son tour le saisir par le bras gauche.

— Puisqu'il le faut ! répondit Van Mitten, que ses jambes n'avaient plus la force de soutenir.

— Quoi ! mon maître, vous allez encore céder là-dessus ? dit Bruno en s'approchant.

— Le moyen de faire autrement, Bruno ! murmura Van Mitten d'une si faible voix qu'on put à peine l'entendre.

— Allons, droit ! s'écria le seigneur Yanar, en relevant d'un coup sec son futur beau-frère.

— Et ferme ! répéta la noble Saraboul, en redressant, elle aussi, son futur époux.

— Ainsi que doit être le beau-frère...

— Et le mari d'une Kurde ! »

Van Mitten s'était redressé vivement sous cette double poussée ; mais sa tête ne cessait de ballotter, comme si elle en eût été à demi détachée de ses épaules.

« Une Kurde !... murmurait-il... Moi... citoyen de Rotterdam... épouser une Kurde !

— Ne craignez rien !... Mariage pour rire ! lui dit bas à l'oreille le seigneur Kéraban.

— Il ne faut jamais rire avec ces choses-là ! » répondit Van Mitten d'un ton si piteusement comique, que ses compagnons eurent quelque peine à ne point éclater.

Nedjeb, montrant à sa maîtresse la figure épanouie de la voyageuse, lui disait tout bas :

« Je me trompe bien, si ce n'est pas là une veuve qui courait à la recherche d'un autre mari !

— Pauvre monsieur Van Mitten ! répondit Amasia.

— J'aurais mieux aimé huit mois de prison, dit Bruno en hochant la tête, que huit jours de ce mariage-là ! »

Cependant, le seigneur Yanar s'était retourné vers l'assistance et disait à voix haute :

« Demain, à Trébizonde, nous célébrerons en grande pompe les fiançailles du seigneur Van Mitten et de la noble Saraboul ! »

Sur ce mot « fiançailles, » le seigneur Kéraban, ses compagnons, et surtout Van Mitten, s'étaient dits que cette aventure serait moins grave qu'on ne pouvait le craindre !

Mais il faut faire observer ici que, d'après les usages du Kurdistan, ce sont les fiançailles qui forment l'indissoluble nœud du mariage. On pourrait comparer cette cérémonie au mariage civil de certains peuples européens, et celle qui la suit au mariage religieux, par laquelle s'achève l'union des époux. Au Kurdistan, après les fiançailles, le mari n'est encore, il est vrai, qu'un fiancé, mais c'est un fiancé absolument lié à celle qu'il a choisie, — ou à celle qui l'a choisi, comme dans le présent cas.

C'est ce qui fut bien et dûment expliqué à Van Mitten par le seigneur Yanar, qui finit en disant :

« Donc, fiancé à Trébizonde !

— Et mari à Mossoul ! » ajouta tendrement la noble Kurde.

Et à part, Scarpante, au moment où il quittait le caravansérail dont la porte venait d'être ouverte, prononçait ces paroles grosses de menaces pour l'avenir :

« La ruse a échoué !... A la force, maintenant ! »

Puis, il disparaissait, sans avoir été remarqué ni du seigneur Kéraban ni d'aucun des siens.

« Pauvre monsieur Van Mitten ! répétait Ahmet, en voyant la mine toute déconfite du Hollandais.

— Bon ! répondit Kéraban, il faut en rire ! Fiançailles nulles ! Dans dix jours, il n'en sera plus question ! Cela ne compte pas !

— Evidemment, mon oncle, mais, en attendant, d'être fiancé pendant dix jours à cette impérieuse Kurde, cela compte ! »

Cinq minutes après, la cour du caravansérail de Rissar était vide. Chacun de ses hôtes avait regagné sa chambre pour y passer la nuit. Mais Van Mitten allait être gardé à vue par son terrible beau-frère, et le silence se fit enfin sur le théâtre de cette tragi-comédie, qui venait de se dénouer sur le dos de l'infortuné Hollandais!

IX

DANS LEQUEL VAN MITTEN, EN SE FIANÇANT A LA NOBLE SARABOUL, A L'HONNEUR DE DEVENIR BEAU-FRÈRE DU SEIGNEUR YANAR.

Une ville qui date de l'an du monde 4790, qui doit sa fondation aux habitants d'une colonie milésienne, qui fut conquise par Mithridate, qui tomba au pouvoir de Pompée, qui subit la domination des Perses et celle des Scythes, qui fut chrétienne sous Constantin-le-Grand et redevint païenne jusqu'au sixième siècle, qui fut délivrée par Bélisaire et enrichie par Justinien, qui appartint aux Comnènes dont Napoléon Ier se disait le descendant, puis au sultan Mahomet II, vers le milieu du quinzième siècle, époque à laquelle finit l'Empire de Trébizonde, après une durée de deux cent cinquante-six ans, — cette ville, il faut en convenir, a quelque droit de figurer dans l'histoire du monde. On ne s'étonnera donc pas que, pendant toute la première partie de ce voyage, Van Mitten se fût réjoui à la pensée de visiter une cité si fameuse, que les romans de chevalerie ont, en outre, choisie pour cadre à leurs merveilleuses aventures.

Mais, quand il se faisait cette joie, Van Mitten était libre de tout souci. Il n'avait qu'à suivre son ami Kéraban sur cet itinéraire qui contournait l'antique Pont-Euxin. Et maintenant, fiancé — provisoirement du moins, pour quelques jours seulement, — mais fiancé à cette noble Kurde qui le tenait en laisse, il n'était plus d'humeur à pouvoir apprécier les splendeurs historiques de Trébizonde.

Ce fut le 17 septembre, vers neuf heures du matin, deux heures après avoir quitté le caravansérail de Rissar, que le seigneur Kéraban et ses compagnons, le seigneur Yanar, sa sœur et leurs serviteurs, firent une superbe entrée dans la capitale du pachalik moderne, bâtie au milieu d'une campagne alpestre, avec vallées, montagnes, cours d'eau capricieux, — paysage qui rappelle volontiers quelques aspects de l'Europe centrale : on dirait que des morceaux de la Suisse et du Tyrol ont été transportés sur cette portion du littoral de la mer Noire.

Trébizonde, située à trois cent vingt-cinq kilomètres d'Erzeroum, cette importante capitale de l'Arménie, est maintenant en communication directe avec la Perse, au moyen d'une route que le gouvernement turc a ouverte par Gumuch Kané, Baïbourt et Erzeroum, — ce qui lui rendra peut-être quelque peu de son ancienne valeur commerciale.

Cette cité est divisée en deux villes disposées en amphithéâtre sur une colline. L'une, la ville turque, enceinte de murailles flanquées de grosses tours, défendue autrefois par son vieux château de mer, ne comprend pas moins d'une quarantaine de mosquées, dont les minarets émergent de massifs d'orangers, d'oliviers et autres arbres d'un aspect enchanteur. L'autre, c'est la ville chrétienne, la plus commerçante, où se trouve le grand bazar, richement assorti de tapis, d'étoffes, de bijoux, d'armes, de monnaies anciennes, de pierres précieuses, etc. Quant au port, il est desservi par une ligne hebdomadaire de bateaux à vapeur, qui mettent Trébizonde en communication directe avec les principaux points de la mer Noire.

Dans cette ville s'agite ou végète, — suivant les divers éléments dont elle se compose, — une population de quarante mille habitants, Turcs, Persans, chrétiens du rite arménien et latin, Grecs orthodoxes, Kurdes et Européens. Mais, ce jour-là, cette population était plus que quintuplée par le concours des fidèles venus de tous les coins de l'Asie mineure, pour assister aux fêtes superbes qui allaient être célébrées en l'honneur de Mahomet.

Aussi, la petite caravane eut-elle quelque peine à trouver un logement convenable pour les vingt-quatre heures qu'elle devait passer à Trébizonde, car l'intention formelle du seigneur Kéraban était bien d'en partir, dès le lendemain, pour Scutari. Et, en effet, il n'y avait pas un jour à perdre, si on voulait y arriver avant la fin du mois.

Ce fut dans un hôtel franco-italien, au milieu d'un véritable quartier de caravansérails, de khans, d'auberges, déjà encombrés de voyageurs, près de la place de Giaour-Meïdan, dans la partie la plus commerçante de la ville et par conséquent en dehors de la cité turque, que le seigneur Kéraban et sa suite trouvèrent seulement à se loger. Mais l'hôtel était assez confortable pour qu'ils pussent y prendre ce jour et cette nuit de repos dont ils avaient besoin. Aussi l'oncle d'Ahmet n'eut-il pas le plus petit sujet de se mettre en colère contre l'hôtelier.

Mais, pendant que le seigneur Kéraban et les siens, arrivés à ce point de leur voyage, croyaient en avoir fini, — sinon avec les fatigues, du moins avec les dangers de toutes sortes, — un complot se tramait contre eux dans la ville turque, où résidait leur plus mortel ennemi.

C'était au palais du seigneur Saffar, bâti sur les premiers contreforts de la montagne de Bostepeh, dont les pentes s'abaissent doucement vers la mer, qu'une heure auparavant était arrivé l'intendant Scarpante, après avoir quitté le caravansérail de Rissar.

Là, le seigneur Saffar et le capitaine Yarhud l'attendaient; là, tout d'abord, Scarpante leur faisait part de ce qui s'était passé pendant la nuit précédente; là, il racontait comment Kéraban et Ahmet avaient été sauvés d'un emprisonnement, qui eût laissé Amasia sans défense, et sauvés par le dévouement stupide de ce Van Mitten; là, dans cette conférence de trois hommes ayant un unique intérêt, furent prises les résolutions qui menaçaient directement les voyageurs, sur ce parcours de deux cent vingt-cinq lieues entre Scutari et

Trébizonde. Ce qu'était ce projet, l'avenir le fera connaître, mais on peut dire qu'il eut, ce jour même, un commencement d'exécution : en effet, le seigneur Saffar et Yarhud, sans s'inquiéter des fêtes qui allaient être célébrées, quittaient Trébizonde et prenaient dans l'ouest la route de l'Anatolie qui mène à l'embouchure du Bosphore.

Scarpante, lui, restait à la ville. N'étant connu ni du seigneur Kéraban, ni d'Ahmet, ni des deux jeunes filles, il pourrait agir en toute liberté. A lui de jouer dans ce drame l'important rôle qui devait désormais substituer la force à la ruse.

Aussi, Scarpante put-il se mêler à la foule et flâner sur la place du Giaour-Meïdan. Ce n'était pas, pour avoir, un instant et dans l'ombre, au caravansérail de Rissar, adressé la parole au seigneur Kéraban et à son neveu, qu'il pouvait craindre d'être reconnu. Aussi lui fut-il facile d'épier leurs pas et démarches en toute sécurité.

C'est dans ces conditions qu'il vit Ahmet, peu de temps après son arrivée à Trébizonde, se diriger vers le port, à travers les rues assez misérablement entretenues qui y aboutissent. Là, sandals, caboteurs, mahones barques de toutes sortes, étaient au sec, après avoir débarqué leurs cargaisons de

10

fidèles, tandis que les navires de commerce, par manque de profondeur, se tenaient plus au large.

Un hammal venait d'indiquer à Ahmet le bureau du télégraphe, et Scarpante put s'assurer que le fiancé d'Amasia expédiait un assez long télégramme à l'adresse du banquier Sélim, à Odessa.

« Bah! se dit-il, voilà une dépêche qui n'arrivera jamais à son destinataire! Sélim a été mortellement frappé d'une balle que lui a envoyée Yarhud, et cela n'est pas pour nous inquiéter! »

Et, de fait, Scarpante ne s'en inquiéta pas autrement.

Puis, Ahmet revint à l'hôtel du Giaour-Meïdan. Il retrouva Amasia en compagnie de Nedjeb, qui l'attendait, non sans quelque impatience, et la jeune fille put être certaine qu'avant quelques heures, on serait rassuré sur son sort à la villa Sélim.

« Une lettre aurait mis trop de temps à arriver à Odessa, ajouta Ahmet, et, d'ailleurs, je crains toujours... »

Ahmet s'était interrompu sur ce mot.

« Vous craignez, mon cher Ahmet?... Que voulez-vous dire? demanda Amasia, un peu surprise.

— Rien, chère Amasia, répondit Ahmet, rien!...

J'ai voulu rappeler à votre père qu'il eût soin de se trouver à Scutari pour notre arrivée, et même avant, afin de faire toutes les démarches nécessaires pour que notre mariage n'éprouve aucun retard ! »

La vérité est qu'Ahmet, redoutant toujours de nouvelles tentatives d'enlèvement, au cas où les complices de Yarhud eussent appris ce qui s'était passé après le naufrage de la *Guïdare*, marquait au banquier Sélim que tout danger n'était peut-être pas écarté encore ; mais, ne voulant pas inquiéter Amasia pendant le reste du voyage, il se garda bien de lui dire quelles étaient ses appréhensions, — appréhensions vagues, au surplus, et qui ne reposaient que sur des pressentiments.

Amasia remercia Ahmet du soin qu'il avait pris de rassurer son père par dépêche, — dût-il encourir, pour avoir usé du fil télégraphique, les malédictions de l'oncle Kéraban.

Et, pendant ce temps, que devenait l'ami Van Mitten?

L'ami Van Mitten, devenait, un peu malgré lui, l'heureux fiancé de la noble Saraboul et le piteux beau-frère du seigneur Yanar !

Comment eût-il pu résister? D'une part, Kéraban lui répétait qu'il fallait consommer le sacrifice jusqu'au bout, ou bien le juge pourrait les renvoyer tous les trois en prison, — ce qui compromettrait irréparablement l'issue de ce voyage; que ce mariage, s'il était valable en Turquie, où la polygamie est admise, serait radicalement nul pour la Hollande, où Van Mitten était déjà marié; que, par conséquent, il pourrait, à son choix, être monogame dans son pays, ou bigame dans le royaume de Padischah. Mais le choix de Van Mitten était fait : il préférait n'être « game » nulle part.

D'un autre côté, il y avait là un frère et une sœur incapables de lâcher leur proie. Il n'était donc que prudent de les satisfaire, sauf à leur fausser compagnie au delà des rives du Bosphore, — ce qui les empêcherait d'exercer leurs prétendus droits de beau-frère et d'épouse.

Aussi Van Mitten n'entendait-il point résister et s'abandonna-t-il au cour des événements.

Très heureusement, le seigneur Kéraban avait obtenu ceci : c'est qu'avant d'aller achever le mariage à Mossoul, le seigneur Yanar et sa sœur les accompagneraient jusqu'à Scutari, qu'ils assisteraient à l'union d'Amasia et d'Ahmet, et que la fiancée kurde ne repartirait avec son fiancé hollandais que deux ou trois jours après pour le pays de ses ancêtres.

Il faut convenir que Bruno, tout en pensant que son maître n'avait que ce qu'il méritait pour son incroyable faiblesse, ne laissait pas de le plaindre, à le voir tomber sous la coupe de cette terrible femme. Mais, on doit l'avouer aussi, il fut pris d'un fou rire, — fou rire que purent à peine réprimer Kéraban, Ahmet et les deux jeunes filles, — lorsque l'on vit Van Mitten, au moment où la cérémonie des fiançailles allait s'accomplir, affublé du costume de ce pays extravagant.

« Quoi ! vous, Van Mitten, s'écria Kéraban, c'est bien vous, ainsi vêtu à l'orientale ?

— C'est moi, ami Kéraban.

— En Kurde ?

— En Kurde !

— Eh ! vraiment, cela ne vous va pas mal, et je suis sûr que, dès que vous y serez habitué, vous trouverez ce vêtement plus commode que vos habits étriqués d'Europe !

— Vous êtes bien bon, ami Kéraban.

— Voyons, Van Mitten, quittez cet air soucieux ! Dites-vous que c'est aujourd'hui jour de carnaval et que ce n'est qu'un déguisement pour un mariage en l'air!

— Ce n'est pas le déguisement qui m'inquiète le plus, répondit Van Mitten.

— Et qu'est-ce donc?

— C'est le mariage!

— Bah! mariage provisoire, ami Van Mitten, répondit Kéraban, et madame Saraboul payera cher ses fantaisies de veuve par trop consolable! Oui, quand vous lui apprendrez que ces fiançailles ne vous engagent en rien, puisque vous êtes déjà marié à Rotterdam, quand vous lui donnerez congé en bonne forme, je veux être là, Van Mitten! En vérité! il ne peut pas être permis d'épouser les gens malgré eux! C'est déjà beaucoup quand ils veulent bien y consentir! »

Toutes ces raisons aidant, le digne Hollandais avait fini par accepter la situation. Le mieux, au total, était de la prendre par son côté risible, puisqu'elle prêtait à rire, et de s'y résigner, puisqu'elle sauvegardait les intérêts de tous.

D'ailleurs, ce jour-là, Van Mitten aurait à peine eu le temps de se reconnaître. Le seigneur Yanar et sa sœur n'aimaient décidément pas à laisser languir les choses. Aussitôt pris, aussitôt pendu, et elle était toute prête, cette potence du mariage, à laquelle ils prétendaient attacher ce flegmatique enfant de la Hollande.

Il ne faudrait pas croire, cependant, que les formalités en usage dans le Kurdistan eussent été, en quoi que ce soit, omises ou seulement négligées. Non! le beau-frère veillait à tout avec un soin particulier, et, dans cette grande cité, les éléments ne manquaient point, qui devaient donner à ce mariage toute la solennité possible.

En effet, parmi la population de Trébizonde, on compte un certain nombre de Kurdes. Parmi eux, le couple Yanar et Saraboul retrouva des consanisances et des amis de Mossoul. Ces gens superbes se firent un devoir d'assister leur noble compatriote en cette occasion qui s'offrait à elle, et pour la quatrième fois, de se consacrer au bonheur d'un époux. Il y eut donc, du côté de la fiancée, tout un clan d'invités à la cérémonie, tandis que Kéraban, Ahmet, leurs compagnons, s'empressaient de figurer à côté du fiancé. Encore faut-il bien comprendre que Van Mitten, sévèrement gardé à vue, ne se trouva jamais seul avec ses amis, depuis ces dernières paroles échangées au moment où il venait de revêtir le costume traditionnel des seigneurs de Mossoul et de Chehrezour.

Un instant, seulement, Bruno put se glisser jusqu'à lui et répéter d'un voix sinistre :

« Prenez garde, mon maître, prenez garde! Vous risquez gros jeu en tout ceci!

— Eh! puis-je faire autrement, Bruno? répondit Van Mitten d'un ton résigné. En tout cas, si c'est une sottise, elle tire mes amis d'embarras, et les suites n'en seront point graves!

— Hum! fit Bruno en hochant la tête, se marier, mon maître, c'est se marier, et... »

Et, comme, sur ce mot, on appela le Hollandais, nul ne saura jamais de quelle façon le fidèle serviteur aurait achevé cette phrase véritablement comminatoire!

Il était midi, au moment où le seigneur Yanar et autres Kurdes de grande mine vinrent chercher le futur qu'ils ne devaient plus quitter jusqu'à la fin de la cérémonie.

Et alors, ce nœud des fiançailles fut noué en grand appareil. Pendant cette opération, il n'y eût pas même à critiquer la tenue des deux conjoints, Van Mitten ne laissant rien paraître d'une certaine inquiétude qui le dominait, la noble Saraboul fière d'enchaîner un homme du nord de l'Europe à une femme du nord de l'Asie! Quelle gloire, en effet, d'avoir allié la Hollande au Kurdistan.

La fiancée était superbe dans son costume de mariage, — un costume qu'évidemment elle emportait en voyage, à tout hasard, — bonne précaution cette fois, on en conviendra. Rien de splendide comme sont « mitan » de drap d'or, dont les manches et le corsage disparaissaient sous des broderies et des passementeries de filigrane! Rien de plus riche que ce châle qui lui serrait à la taille, cet « entari » à raies alternées de lignes de fleurettes et recouverte des mille plis de ces mousselines de Brousse désignées sous le nom de « tchembers! » Rien de plus majestueux que ce « chalwar » en gaze de Salonique, dont les jambes se rattachaient sous le cuir de fines bottes de maroquin brodées de perles! Et ce fez évasé, entouré de « yéminis » aux fleurs voyantes, d'où se développait jusqu'à mi-corps un long « puskul » orné de dentelles d'oya! Et les bijoux, les pendeloques de pièces d'or, tombant sur le front jusqu'aux sourcils, et ces pendants d'oreilles formés de ces petites rosaces, desquels rayonnent des chaînettes supportant un petit croissant d'or, et les agrafes de ceinture en vermeil, et les épingles en filigrane azuré, figurant une palme indienne, et ces colliers irradiants à double rangée, ces « guerdanliks » composés d'une suite d'agates serties en griffes, gravées chacune du nom d'un imar! Non! jamais plus belle fiancée ne s'était vue marchant dans les rues de Trébizonde, et en cette circonstance, elles auraient dû être recouvertes d'un tapis de pourpre, comme elles le furent jadis à la naissance de Constantin Porphyrogénète!

Mais si la noble Saraboul était superbe, le seigneur Van Mitten, lui, était magnifique, et son ami Kéraban ne lui ménagea pas des compliments, qui ne pouvaient être ironiques de la part d'un vieux croyant resté fidèle au vêtement oriental.

Il faut en convenir, ce costume donnait à Van Mitten une tournure martiale, un air hautain, une physionomie avantageuse, quelque chose de farouche, enfin, peu en rapport avec son tempérament de négociant rotterdamois! Et comment en eût-il été autrement avec ce léger manteau de mousseline chargé d'applications de cotonnade, ce large pantalon de satin rouge qui se perdait dans des bottes de cuir, éperonnées, ergotées et treillissées d'or sous les mille plis de leur tige, cette robe ouverte dont les manches se déroulaient jusqu'à terre, et ce fez, orné de « yéminis, » et ce « puskul, » dont la grosseur invraisemblable indiquait le rang qu'allait bientôt occuper au Kurdistan l'époux de la noble Saraboul?

Le grand bazar de Trébizonde avait fourni tous ces ajustements, qui, faits sur mesure, n'auraient pas plus élégamment vêtu Van Mitten. Il avait procuré aussi ces armes merveilleuses, dont le fiancé portait tout un arsenal au châle brodé, soutaché passementé, qui lui serrait la taille : poignart damasquinés, avec manche en jade vert et lame en damas à double tranchant, pistolets à crosse d'argent gravés comme un collier d'idole, sabre à lame courte, au tranchant taillé en dents de scie avec poignée noire ornée d'un quadrillé en argent et pommeau à rondelle, et enfin une arme d'hast en acier avec reliefs en méplat gravés et dorés et finissant en lame ondulée comme le fer des anciens fauchards!

Ah! le Kurdistan peut sans crainte déclarer la guerre à la Turquie! Ce ne sont pas de pareils guerriers que les armées du Padischah pourront jamais vaincre! Pauvre Van Mitten, qui eût dit qu'un jour tu aurais été affublé de la sorte! Heureusement, comme le répétait le seigneur Kéraban, et, après lui, son neveu Ahmet, et après Ahmet, Amasia et Nedjeb, et après elle, tous, excepté Bruno :

« Bah ! c'est pour rire ! »

Pendant la cérémonie des fiançailles, les choses se passèrent le plus convenablement du monde. Si ce n'est que le fiancé fut trouvé un peu froid par son terrible beau-frère et par sa non moins terrible sœur, tout alla bien.

A Trébizonde, il ne manquait pas de juges, faisant fonctions d'officiers ministériels, qui eussent réclamé l'honneur d'enregistrer un pareil contrat, — d'autant plus que cela n'allait pas sans quelque profit ; — mais ce fut le magistrat même dont on avait pu apprécier la sagacité dans l'affaire du caravansérail de Rissar qui fut chargé de cette honorable tâche et de complimenter, en bons termes, les futurs époux.

Puis, après la signature du contrat, les deux fiancés et leur suite, au milieu d'un immense concours de populaire, se transportèrent à la ville close, dans une mosquée qui fut autrefois une église byzantine, et dont les murailles sont décorées de curieuses mosaïques. Là, retentirent certains chants kurdes, qui sont plus expressifs, plus mélodieux, plus artistiques enfin, par leur couleur et leur rhythme, que les chants turcs ou arméniens. Quelques instruments, dont la sonorité se rapproche d'un simple cliquetis métallique et que dominait la note aiguë de deux ou trois petites flûtes, joignirent leurs accords bizarres au concert des voix suffisamment rafraîchies pour cette circonstance. Puis, l'iman dit une simple prière, et Van Mitten fut enfin fiancé, bien fiancé, ainsi que le répéta le seigneur Kéraban à la noble Saraboul, — non sans une certaine arrière-pensée, — lorsqu'il lui adressa ses meilleurs compliments.

Plus tard, le mariage devait s'achever au Kurdistan, où de nouvelles fêtes dureraient pendant plusieurs semaines. Là, Van Mitten aurait à se conformer aux coutumes kurdes, — ou, du moins, il devrait essayer de s'y conformer. En effet, lorsque l'épouse arrive devant la maison conjugale, son époux se présente inopinément devant elle, il l'entoure de ses bras, il la prend sur ses épaules, et il la porte ainsi jusqu'à la chambre qu'elle doit occuper. On veut, par là, épargner sa pudeur, car il ne faut point qu'elle semble entrer de son plein gré dans une demeure étrangère. Lorsqu'il en serait à cet heureux moment, Van Mitten verrait à ne rien faire qui pût blesser les usages du pays. Mais heureusement, il en était encore loin.

Ici, les fêtes des fiançailles furent tout naturellement complétées par celles qui se donnaient, fort à propos, pour célébrer la nuit de l'ascension du Prophète, cet *eilet-ul-my'rády*, qui a lieu ordinairement le 29 du mois de Redjeb. Cette fois, par suite de circonstances particulières, dues à une concurrence politico-religieuse, une ordonnance du chef des imans du pachalik l'avait fixée à cette date.

Le soir même, dans le plus vaste palais de la ville, magnifiquement disposé à cet effet, des milliers et des milliers de fidèles s'empressaient à une cérémonie qui les avait attirés à Trébizonde de tous les points de l'Asie musulmane.

La noble Saraboul ne pouvait manquer cette occasion de produire son fiancé en public. Quant au seigneur Kéraban, à son neveu, aux deux jeunes filles, à leurs serviteurs, que pouvaient-ils faire de mieux, pour passer les quelques heures de la soirée, que d'assister en grand apparat à ce merveilleux spectacle?

Merveilleux, en effet, et comment ne l'eût-il pas

été dans ce pays de l'Orient, où tous les rêves de ce monde se transforment en réalités dans l'autre ! Ce qu'allait être cette fête donnée en l'honneur du Prophète, il serait plus facile au pinceau de le représenter, en employant tous les tons de la palette, qu'à la plume de le décrire, même en empruntant les cadences, les images, les périodes des plus grands poètes du monde !

« La richesse est aux Indes, dit un proverbe turc, l'esprit en Europe, la pompe chez les Ottomans ! »

Et ce fut réellement au milieu d'une pompe incomparable que se déroulèrent les péripéties d'une poétique affabulation, à laquelle les plus gracieuses filles de l'Asie Mineure prêtèrent le charme de leurs danses et l'enchantement de leur beauté. Elle reposait sur cette légende, imitée de la légende chrétienne, que, jusqu'à sa mort, arrivée en l'an dixième de l'Hégire,—six cent trente-deux ans après l'ère nouvelle, — ce paradis était fermé à tous les fidèles, endormis dans le vague des espaces, en attendant l'arrivée du Prophète. Ce jour-là, il apparaissait à cheval sur « el-borak, » l'hippogryphe qui l'attendait à la porte du temple de Jérusalem ; puis, son tombeau miraculeux, quittant la terre, montait à travers les cieux et restait suspendu entre le zénith et le nadir, au milieu des splendeurs du paradis de l'Islam. Tous se réveillaient alors pour rendre hommage au Prophète; la période de l'éternel bonheur promis aux croyants, commençait enfin, et Mahomet s'élevait dans une apothéose éblouissante, pendant laquelle les astres du ciel arabique, sous la forme de houris innombrables, gravitaient autour du front resplendissant d'Allah !

En un mot, cette fête, ce fut comme une réalisation de ce rêve de l'un des poètes qui a le mieux senti la poésie des pays orientaux, lorsqu'il dit, à propos de ces physionomies extatiques des derviches, emportés dans leurs rondes si étrangement rhythmées :

« Que voyaient-ils en ces visions qui les berçaient? les forêts d'émeraudes à fruits de rubis, les montagnes d'ambre et de myrrhe, les kiosques de diamants et les tentes de perles du paradis de Mahomet! »

X

PENDANT LEQUEL LES HÉROS DE CETTE HISTOIRE
NE PERDENT NI UN JOUR NI UNE HEURE.

Le lendemain, 18 septembre, au moment où le soleil commençait à dorer de ses premiers rayons les plus hauts minarets de la ville, une petite caravane sortait par l'une des portes de l'enceinte fortifiée et jetait un dernier adieu à la poétique Trébizonde.

Cette caravane, en route pour les rives du Bosphore, suivait les chemins du littoral sous la direction d'un guide, dont le seigneur Kéraban avait volontiers accepté les services.

Ce guide, en effet, devait parfaitement connaître cette portion septentrionale de l'Anatolie : c'était un de ces nomades connus dans le pays sous le nom de « loupeurs. »

On désigne par ce nom une certaine spécialité

de bûcherons, faisant métier de courir les forêts de cette partie de l'Anatolie et de l'Asie Mineure, où croît abondamment le noyer vulgaire. Sur ces arbres poussent des loupes ou excroissances naturelles, d'une remarquable dureté, dont le bois, par cela même qu'il se prête à toutes les exigences de l'outil d'ébéniste, est particulièrement recherché.

Ce loupeur, ayant appris que des étrangers allaient quitter Trébizonde pour se rendre à Scutari, était venu la veille leur offrir ses services. Il avait paru intelligent, très pratique de ces routes, dont il connaissait parfaitement les enchevêtrements multiples. Aussi, après des réponses très nettes aux questions posées par le seigneur Kéraban, le loupeur avait-il été engagé à un bon prix, qui devait être doublé si la caravane atteignait les hauteurs du Bosphore avant douze jours, — dernier délai fixé pour la célébration du mariage d'Amasia et d'Ahmet.

Ahmet, après avoir interrogé ce guide et bien qu'il y eût, dans sa figure froide, dans son attitude réservée, cet on ne sait quoi qui ne prévient guère en faveur des gens, ne jugea pas qu'il y eût lieu de ne point lui accorder confiance. Rien de plus utile, d'ailleurs, qu'un homme connaissant ces régions pour les avoir parcourues toute sa vie, rien de plus rassurant au point de vue d'un voyage qui devait s'exécuter dans les plus grandes conditions de célérité.

Le loupeur était donc le guide du seigneur Kéraban et de ses compagnons. A lui de prendre la direction de la petite troupe. Il choisirait les lieux de halte, il organiserait les campements, il veillerait à la sûreté de tous, et lorsqu'on lui promit de doubler son salaire sous condition d'arriver à Scutari dans les délais voulus :

« Le seigneur Kéraban peut être assuré de tout mon zèle, répondit-il, et puisqu'il me propose double prix pour payer mes services, moi, je m'engage à ne lui rien réclamer si, avant douze jours, il n'est pas de retour à sa villa de Scutari.

— Par Mahomet, voilà un homme qui me va ! dit Kéraban, lorsqu'il rapporta ce propos à son neveu.

— Oui, répondit Ahmet, mais, si bon guide qu'il soit, mon oncle, n'oublions pas qu'il ne faut pas s'aventurer imprudemment sur ces routes de l'Anatolie !

— Ah ! toujours tes craintes !

— Oncle Kéraban, je ne nous croirai véritablement à l'abri de toute éventualité, que lorsque nous serons à Scutari...

— Et que tu seras marié ! Soit ! répondit Kéraban en serrant la main d'Ahmet. Eh bien, dans douze jours, je te le promets, Amasia sera la femme du plus défiant des neveux....

— Et la nièce du...

— Du meilleur des oncles! » s'écria Kéraban, qui termina sa phrase par un bel éclat de rire.

Le matériel roulant de la caravane était ainsi composé : deux « talikas, » sorte de calèches assez confortables, qui peuvent se fermer en cas de mauvais temps, avec quatre chevaux, attelés par couple à chaque talika, et deux chevaux de selle. Ahmet avait été trop heureux, même pour un haut prix, de trouver ces véhicules à Trébizonde, ce qui lui permettrait d'achever le voyage dans de bonnes condition

Le seigneur Kéraban, Amasia et Nedjeb avaient pris place dans la première talika, dont Nizib occupait le siège de derrière. Au fond de la seconde trônait la noble Saraboul, auprès de son fiancé et en face de son frère, avec Bruno, faisant office de valet de pied.

Un des chevaux de selle était monté par Ahmet,

l'autre par le guide, qui tantôt galopait aux portières des ....likas, conduites en poste, tantôt éclairait la route par quelque pointe en avant.

Comme le pays pouvait ne pas être très sûr, les voyageurs s'étaient munis de fusils et de revolvers, sans compter les armes qui figuraient d'ordinaire aux ceintures du seigneur Yanar et de sa sœur, et les fameux pistolets rateurs du seigneur Kéraban. Ahmet, bien que le guide lui assurât qu'il n'y avait rien à craindre sur ces routes, avait voulu se précautionner contre toute agression.

En somme, deux cents lieues environ à faire en douze jours avec ces moyens de transport, même sans relayer dans une contrée où les maisons de poste étaient rares, même en laissant aux chevaux le repos de chaque nuit, il n'y avait rien là qui fût absolument difficile. Donc, à moins d'accidents imprévus ou improbables, ce voyage circulaire devait s'achever dans les délais voulus.

Le pays qui s'étend depuis Trébizonde jusqu'à Sinope est appelé Djanik par les Turcs. C'est au delà que commence l'Anatolie proprement dite, l'ancienne Bythinie, devenue l'un des plus vastes pachaliks de la Turquie d'Asie, qui comprend la partie ouest de l'ancienne Asie Mineure avec Koutaïeh pour capitale et Brousse, Smyrne, Angora, etc., pour principales villes.

La petite caravane, partie à six heures du matin de Trébizonde, arrivait à neuf heures à Platana, après une étape de cinq lieues.

Platana, c'est l'ancienne Hermouassa. Pour l'atteindre, il faut traverser une sorte de vallée, où poussent l'orge, le blé, le maïs, où se développent de magnifiques plantations de tabac qui y réussissent merveilleusement. Le seigneur Kéraban ne put se retenir d'admirer les produits de cette solanée d'Asie, dont les feuilles, séchées sans aucune préparation, deviennent d'un jaune d'or. Très probablement, son correspondant et ami Van Mitten n'eût pas contenu davantage les élans de son admiration, s'il ne lui avait été défendu de rien admirer en dehors de la noble Saraboul.

Dans toute cette contrée s'élèvent de beaux arbres, des abiès, des pins, des hêtres comparables aux plus majestueux du Holstein et du Danemark, des noisetiers, des groseillers, des framboisiers sauvages. Bruno, non sans un certain sentiment d'envie, put observer aussi que les indigènes de ce pays, même en bas âge, avaient déjà de gros ventres, — ce qui était bien humiliant pour un Hollandais réduit à l'état de squelette.

A midi, on dépassait la petite bourgade de Fol en laissant sur la gauche les premières ondulations des Alpes Pontiques. A travers les chemins se croisaient, allant vers Trébizonde ou en revenant, des paysans vêtus d'étoffes de grosse laine brune, coiffés du fez ou du bonnet de peau de mouton, accompagnés de leurs femmes, qui s'enveloppaient de morceaux de cotonnades rayées, bien apparentes sur leurs jupons de laine rouge.

Tout ce pays était un peu celui de Xénophon, illustré par sa fameuse retraite des Dix Mille. Mais l'infortuné Van Mitten le traversait sous le regard menaçant de Yanar, sans même avoir le droit de consulter son guide! Aussi avait-il donné l'ordre à Bruno de le consulter pour lui et de prendre quelques notes au vol. Il est vrai que Bruno songeait à tout autre chose qu'aux exploits du général grec, et voilà pourquoi, en sortant de Trébizonde, il avait négligé de montrer à son maître cette colline qui domine la côte, et du haut de laquelle les Dix Mille, revenant des provinces Macroniennes, saluèrent de leurs enthousiastes cris les flots de la mer Noire. En vérité, cela n'était pas d'un fidèle serviteur.

Le soir, après une journée d'une vingtaine de lieues, la caravane s'arrêtait et couchait à Tireboli. Là, le « caïwak, » fait avec la caillette des agneaux sorte de crême obtenue par l'attiédissement du lait, « yaourk, » fromage fabriqué avec du lait aigri au moyen de présure, furent sérieusement appréciés de voyageurs qu'une longue route avait mis en appétit. D'ailleurs, le mouton, sous toutes ses formes, ne manquait point au repas, et Nizib put s'en régaler, sans craindre d'enfreindre la loi musulmane. Bruno, cette fois, ne put lui chicaner sa part du souper.

Cette petite bourgade, qui n'est même qu'un simple village, fut quittée dès le matin du 19 septembre. Dans la journée, on dépassa Zèpe et son port étroit, où peuvent s'abriter seulement trois ou quatre bâtiments de commerce d'un médiocre tirant d'eau. Puis, toujours sous la direction du guide, qui, sans contredit, connaissait parfaitement ces routes à peine tracées quelquefois au milieu de longues plaines, on arrivait très tard à Kérésoum, après une étape de vingt-cinq lieues.

Kérésoum est bâtie au pied d'une colline, dans un double escarpement de la côte. Cette ancienne Pharnacea, où les Dix Mille s'arrêtèrent pendant dix jours pour y réparer leurs forces, est très pittoresque avec les ruines de son château qui dominent l'entrée du port.

Là, le seigneur Kéraban aurait pu aisément faire une ample provision de tuyaux de pipe en bois de cerisier, qui sont l'objet d'un important commerce. En effet, le cerisier abonde sur cette partie du pachalik, et Van Mitten crut devoir raconter à sa fiancée ce grand fait historique : c'est que ce fut précisément de Kérésoum que le proconsul Lucullus envoya les premiers cerisiers qui furent acclimatés en Europe.

Saraboul n'avait jamais entendu parler du célèbre gourmet et ne parut prendre qu'un médiocre intérêt aux savantes dissertations de Van Mitten. Celui-ci, toujours sous la domination de cette altière personne, faisait bien le plus triste Kurde qu'on pût imaginer. Et cependant, son ami Kéraban, sans qu'on pût deviner s'il plaisantait ou non, ne cessait de le féliciter sur la façon dont il portait son nouveau costume, — ce qui faisait hausser les épaules à Bruno.

« Oui, Van Mitten, oui ! répétait Kéraban, cela vous va parfaitement, cette robe, ce chalwar, ce turban et, pour être un Kurde au complet, il ne vous manque plus que de grosses et menaçantes moustaches, telles qu'en porte le seigneur Yanar!

— Je n'ai jamais eu de moustaches, répondit Van Mitten.

— Vous n'avez pas de moustaches? s'écria Saraboul.

— Il n'a pas de moustaches? répéta le seigneur Yanar du ton le plus dédaigneux.

— A peine, du moins, noble Saraboul!

— Eh bien, vous en aurez, reprit l'impérieuse Kurde, et je me charge, moi, de vous les faire pousser!

— Pauvre monsieur Van Mitten! murmurait alors la jeune Amasia, en le récompensant d'un bon regard.

— Bon! tout cela finira par un éclat de rire! » répétait Nedjeb, tandis que Bruno secouait la tête comme un oiseau de mauvais augure.

Le lendemain, 20 septembre, après avoir suivi l'amorce d'une voie romaine que Lucullus fit construire, dit-on, pour relier l'Anatolie aux provinces arméniennes, la petite troupe, très favorisée par le temps, laissait en arrière le village d'Aptar, puis, vers midi, la bourgade d'Ordu. Cette étape côtoyait la lisière de forêts superbes, qui s'étagent sur les collines, dans lesquelles abondent les essences les plus variées, chênes, charmes, ormes, érables, platanes, pruniers, oliviers d'une espèce bâtarde, genévriers, aulnes, peupliers blancs, grenadiers, mûriers blancs et noirs, noyers et sycomores. Là, la vigne, d'une exubérance végétale qui en fait comme le lierre des pays tempérés, enguirlande les arbres jusqu'à leurs plus hautes cimes. Et cela, sans parler des arbustes, aubépines, épines-vinettes, coudriers, viornes, sureaux, néfliers, jasmins, tamaris, ni des plantes les plus variées, safrans à fleurs bleues, iris, rhododendrons, scabieuses, narcisses jaunes, asclépiades, mauves, centaurées, giroflées, clématites orientales, etc. et tulipes sauvages, oui, jusqu'à des tulipes! que Van Mitten ne pouvait regarder sans que tous les instincts de l'amateur ne se réveillassent en lui, bien que la vue de ces plantes fût plutôt de nature à évoquer quelque déplaisant souvenir de sa première union! Il est vrai, l'existence de l'autre madame Van Mitten était maintenant une garantie contre les prétentions matrimoniales de la seconde. Il était heureux, ma foi, et dix fois heureux que le digne Hollandais fût déjà marié en première noce!

Le cap Jessoun Bouroun une fois dépassé, le

guide dirigea la caravane à travers les ruines de l'antique ville de Polemonium, vers la bourgade de Fatisa, où voyageurs et chevaux dormirent d'un bon sommeil pendant toute la nuit.

Ahmet, l'esprit toujours en éveil, n'avait jusque-là rien surpris de suspect. Cinquante et quelques lieues venaient d'être franchies depuis Trébizonde pendant lesquelles aucun danger n'avait paru menacer le seigneur Kéraban et ses compagnons. Le guide, peu communicatif de sa nature, s'était toujours tiré d'affaire, pendant les cheminements et les haltes, avec intelligence et sagacité. Et cependant, Ahmet éprouvait pour cet homme une certaine défiance qu'il ne pouvait maîtriser. Aussi ne négligeait-il rien de ce qui devait assurer la sécurité de tous, et veillait-il au salut commun, sans en rien laisser voir.

Le 21, dès l'aube, on quittait Fatisa. Vers midi, on laissait sur la droite le port d'Ounièh et ses chantiers de construction, à l'embouchure de l'ancien Œnus. Puis, la route se développa à travers d'immenses plaines de chanvre jusqu'aux bouches du Tcherchenbèb, où la légende a placé une tribu d'Amazones, de manière à contourner des caps et des promontoires couverts de ruines, comme tous ceux de cette côte si curieusement historique. Le bourg de Terme fut dépassé dans l'après-midi, et, le soir, Sansoun, une ancienne colonie athénienne, servit de lieu de halte pour la nuit.

Sansoun est une des plus importantes échelles de ce levant de la mer Noire, bien que sa rade soit peu sûre et son port insuffisamment profond à l'embouchure de l'Ékil-Irmak. Cependant, le commerce y est assez actif et expédie jusqu'à Constantinople des cargaisons de melons d'eau qui, sous le nom d'arbouses, croissent abondamment dans les environs. Un vieux fort, pittoresquement bâti sur la côte, ne la défendrait que très imparfaitement contre une attaque par mer.

Dans l'état d'amaigrissement où se trouvait Bruno, il lui sembla que ces arbouses, trop aqueuses, dont le seigneur Kéraban et ses compagnons se régalèrent, ne seraient point de nature à le fortifier, et il refusa d'en manger. Le fait est que le brave garçon, quoique très éprouvé déjà dans son embonpoint, trouvait encore le moyen de maigrir, et Kéraban lui-même fut obligé de le reconnaître.

« Maïs, lui disait-il en manière de consolation, nous approchons de l'Égypte, et là, s'il lui plaît,

Bruno pourra faire un trafic avantageux de sa personne!

— Et de quelle façon?... demandait Bruno.

— En se vendant comme momie! »

Si ces propos déplaisaient à l'infortuné serviteur, s'il souhaitait au seigneur Kéraban quelque aventure plus déplorable encore que le second mariage de son maître, cela va de soi.

« Mais vous verrez qu'il ne lui arrivera rien, à ce Turc, murmurait-il, et que toute la malechance sera pour des chrétiens comme nous! »

Et, en vérité, le seigneur Kéraban se portait à merveille, sans compter que sa belle humeur ne tarissait plus, depuis qu'il voyait ses projets s'accomplir dans les meilleures conditions de temps et de sécurité.

Ni le village de Militsa, ni le Kysil, qui fut passé sur un pont de bateaux pendant la journée du 22 septembre, ni Gerse où on arriva le lendemain, vers midi, ni Tschobanlar, n'arrêtèrent les attelages, si ce n'est le temps nécessaire à leur donner quelque repos. Cependant, le seigneur Kéraban eût aimé à visiter, ne fût-ce que pendant quelques heures, Bafira ou Bafra, située un peu en arrière, où se fait un grand commerce de ces tabacs, dont les

« tays » ou paquets, ficelés entre de longues lattes, avaient si souvent rempli ses magasins de Constantinople ; mais il eût fallu faire un détour d'une dizaine de lieues, et il lui parut sage de ne point allonger une route longue encore.

Le 23, au soir, la petite caravane arrivait sans encombre à Sinope, sur la frontière de l'Anatolie proprement dite.

Encore une échelle importante du Pont-Euxin, cette Sinope, assise sur son isthme, l'antique Sinope de Strabon et de Polybe. Sa rade est toujours excellente, et elle construit des navires avec les excellents bois des montagnes d'Aio-Antonio, qui s'élèvent aux environs. Elle possède un château enfermé dans une double enceinte, mais ne compte que cinq cents maisons au plus et à peine cinq à six mille âmes.

Ah ! pourquoi Van Mitten n'était-il pas né deux à trois mille ans plus tôt ! Combien il eût admiré cette ville célèbre, dont on attribue la fondation aux Argonautes, qui devint si importante sous une colonie milésienne, qui mérita d'être appelée la Carthage du Pont-Euxin, dont les vaisseaux couvrirent la mer Noire au temps des Romains, et qui finit par être cédée à Mahomet II « parce qu'elle plaisait beaucoup à ce Commandeur des Croyants ! » Mais il était trop tard pour en retrouver toutes les splendeurs écroulées, dont il ne reste plus que des fragments de corniches, de frontons, de chapiteaux de divers styles. Il faut d'ailleurs observer que, si cette cité tire son nom de Sinope, fille d'Asope et de Methone, qui fut enlevée par Apollon et conduite en cet endroit, cette fois, c'était la nymphe qui enlevait l'objet de sa tendresse et que cette nymphe avait nom Saraboul ! Ce rapprochement fut fait par Van Mitten, non sans quelque serrement de cœur.

Cent vingt-cinq lieues environ séparent Sinope de Scutari. Il restait au seigneur Kéraban sept jours seulement pour les faire. S'il n'était pas en retard, il n'était point en avance non plus. Il convenait donc de ne pas perdre un instant.

Le 24, au soleil levant, on quitta Sinope pour suivre les détours du rivage anatolien. Vers dix heures, la petite troupe atteignait Istifan, à midi, la bourgade d'Apana, et le soir, après une journée de quinze lieues, elle s'arrêtait à Ineboli, dont la rade foraine, battue par tous les vents, est peu sûre pour les bâtiments de commerce.

Ahmet proposa alors de ne prendre là que deux

heures de repos et de voyager le reste de la nuit. Douze heures gagnées valaient bien quelque surcroît de fatigue. Le seigneur Kéraban accepta donc la proposition de son neveu. Personne ne réclama, — pas même Bruno. D'ailleurs, Yanar et Saraboul, eux aussi, avaient quelque hâte d'être arrivés sur les rives du Bosphore pour reprendre le chemin du Kurdistan, et Van Mitten une hâte non moins grande mais pour s'enfuir aussi loin que possible de ce Kurdistan, dont le nom seul lui faisait horreur !

Le guide ne fit aucune opposition à ce projet et se déclara prêt à partir dès qu'on le voudrait. De nuit comme de jour, la route n'était pas pour l'embarrasser, et ce loupeur, habitué à marcher par instinct au milieu de forêts épaisses, ne pouvait être gêné de se reconnaître sur des chemins qui suivaient la côte.

On partit donc, à huit heures du soir, par une belle lune, pleine et brillante, qui s'éleva dans l'est sur un horizon de mer, peu après le coucher du soleil. Amasia, Nedjeb et le seigneur Kéraban, la noble Saraboul, Yanar et Van Mitten, étendus dans leurs calèches, se laissèrent endormir au trot des chevaux qui se maintinrent à une bonne allure.

Ils ne virent donc rien du cap Kerembé, entourbillonné d'oiseaux de mer, dont les cris assourdissants remplissaient l'espace. Le matin, ils dépassaient Timlé, sans qu'aucun incident eût troublé leur voyage ; puis, ils atteignaient Kidros, et, le soir, venaient faire halte pour toute la nuit à Amastra. Ils avaient bien droit à quelques heures de repos, après une traite de plus de soixante lieues, enlevées en trente-six heures.

Peut-être Van Mitten, — car il faut toujours en revenir à cet excellent homme, préalablement nourri des lectures de son guide, — peut-être Van Mitten, s'il eût été libre de ses actes, si le temps et l'argent ne lui eussent pas manqué, peut-être eût-il fait fouiller le port d'Amastra pour y rechercher un objet dont aucun antiquaire n'oserait contester la valeur archéologique.

Personne n'ignore, en effet, que, deux cent quatre-vingt-dix ans avant Jésus-Christ, la reine Amastris, la femme de Lysimachus, un des capitaines d'Alexandre, la célèbre fondatrice de cette ville, fut enfermée dans un sac de cuir, puis jetée par ses frères dans les eaux mêmes du port qu'elle avait créé. Or, quelle gloire pour Van Mitten, si, sur la foi de son guide, il eût réussi à repêcher le fameux sac historique! Mais on l'a dit, le temps et l'argent lui faisaient défaut, et, sans confier à personne, — pas même à la noble Saraboul, — le sujet de sa rêverie, il s'en tint à ses regrets d'archéologue.

Le lendemain matin, 26 septembre, cette ancienne métropole des Génois, qui n'est plus aujourd'hui qu'un assez misérable village, où se fabriquent quelques jouets d'enfants, était quittée dès l'aube. Trois ou quatre lieues plus loin, c'était la bourgade de Bartan dont on dépassait les limites, puis, dans l'après-midi, celle de Filias, puis, à la tombée du soir, celle d'Ozina, et, vers minuit enfin, la bourgade d'Éregli.

On s'y reposa jusqu'au petit jour. En somme, c'était peu, car les chevaux, sans parler des voyageurs, commençaient à être sérieusement fatigués par les exigences d'une si longue traite, qui ne leur avait laissé que de rares répits depuis Trébizonde. Mais quatre jours restaient pour atteindre le terme de cet itinéraire, — quatre jours seulement, — les 27, 28, 29 et 30 septembre. Et encore, cette dernière journée, fallait-il la déduire, puisqu'elle devait être employée d'une tout autre façon. Si le 30, dès les premières heures du matin, le seigneur Kéraban et ses compagnons n'apparaissaient pas sur les rives du Bosphore, la situation serait singulièrement compromise. Il n'y avait donc pas un instant à perdre, et le seigneur Kéraban pressa le départ, qui s'effectua au lever du soleil.

Éregli, c'est l'ancienne Héraclée, grecque d'origine. Ce fut autrefois une vaste capitale, dont les murailles en ruines, accotées à des figuiers énormes, indiquent encore le contour. Le port, jadis très important, bien protégé par son enceinte, a dégénéré comme la ville, qui ne compte plus que six à sept mille habitants. Après les Romains, après les Grecs, après les Génois, elle devait tomber sous la domination de Mahomet II, et, de cité qui eut ses jours de splendeur, devenir une simple bourgade, morte à l'industrie, morte au commerce.

L'heureux fiancé de Saraboul aurait encore eu là plus d'une curiosité à satisfaire. N'y a-t-il pas, tout près d'Héraclée, cette presqu'île d'Achérusia, où s'ouvrait, dans une caverne mythologique, une des entrées du Tartare? Diodore de Sicile ne raconte-t-il pas que c'est par cette ouverture qu'Hercule ramena Cerbère, en revenant du sombre royaume? Mais Van Mitten renferma encore ses désirs au plus profond de son cœur. Et d'ailleurs, ce Cerbère, n'en retrouvait-il pas la fidèle image en ce beau-frère Yanar qui le gardait à vue? Sans doute, le seigneur kurde n'avait pas trois têtes; mais une lui suffisait, et, quand il la redressait d'un air farouche, il semblait que ses dents, apparaissant sous ses épaisses moustaches, allaient mordre comme celles du chien tricéphale que Pluton tenait à la chaîne !

Le 27 septembre, la petite caravane traversa le bourg de Sacaria, puis atteignit vers le soir le cap Kerpe, à l'endroit même où, seize siècles avant, fut tué l'empereur Aurélien. Là, on fit halte pour la nuit, et l'on tint conseil sur la question de modifier quelque peu l'itinéraire, afin d'arriver à Scutari dans les quarante-huit heures, c'est-à-dire dès le matin de la dernière journée marquée pour le retour.

XI

DANS LEQUEL LE SEIGNEUR KÉRABAN SE RANGE A L'AVIS DU GUIDE, UN PEU CONTRE L'OPINION DE SON NEVEU AHMET.

Voici, en effet, une proposition qui avait été faite par le guide, et dont l'opportunité méritait d'être prise en considération.

Quelle distance séparait encore les voyageurs des hauteurs de Scutari ? Environ une soixantaine de lieues? Combien de temps restait-il pour la franchir ? Quarante-huit heures. C'était peu, si les attelages se refusaient à marcher pendant la nuit.

Eh bien, en abandonnant une route que les sinuosités de la côte allongent sensiblement, en se jetant à travers cet angle extrême de l'Anatolie, compris entre les rives de la mer Noire et les rives de la mer de Marmara, en un mot, en coupant au plus court, on pouvait abréger l'itinéraire d'une bonne douzaine de lieues.

« Voici donc, seigneur Kéraban, le projet que je vous propose, dit le guide de ce ton froid qui le caractérisait, et j'ajouterai que je vous engage vivement à l'accepter.

— Mais les routes du littoral ne sont-elles pas plus sûres que celles de l'intérieur? demanda Kéraban.

— Il n'y a pas plus de dangers à redouter à l'intérieur que sur les côtes, répondit le guide.

— Et vous connaissez bien ces chemins que vous nous offrez de prendre? reprit Kéraban.

— Je les ai parcourus vingt fois, répliqua le guide, lorsque j'exploitais ces forêts de l'Anatolie.

— Il me semble qu'il n'y a pas à hésiter, dit Kéraban, et qu'une douzaine de lieues à économiser sur ce qui nous reste à faire, cela vaut la peine qu'on modifie sa route! »

Ahmet écoutait sans rien dire.

« Qu'en penses-tu, Ahmet? » demanda le seigneur Kéraban en interpellant son neveu.

Ahmet ne répondit pas. Il avait certainement des préventions contre ce guide, — préventions qui, il faut bien l'avouer, s'étaient accrues, non sans raison, à mesure qu'on se rapprochait du but.

En effet, les allures cauteleuses de cet homme,

quelques absences inexplicables, pendant lesquelles il devançait la caravane, le soin qu'il prenait de se tenir toujours à l'écart, aux heures de halte, sous prétexte de préparer les campements, des regards singuliers, suspects même, jetés sur Amasia, une surveillance qui semblait plus spécialement porter sur la jeune fille, tout cela n'était pas pour rassurer Ahmet. Aussi ne perdait-il pas de vue ce guide, accepté à Trébizonde sans que l'on sût trop ni qui il était, ni d'où il venait. Mais son oncle Kéraban n'était point homme à partager ses craintes, et il eût été difficile de lui faire admettre pour réel ce qui n'était encore qu'à l'état de pressentiment.

« Eh bien, Ahmet? redemanda Kéraban, avant de prendre un parti sur la nouvelle proposition du guide, j'attends ta réponse! Que penses-tu de cet itinéraire?

— Je pense, mon oncle, que, jusqu'ici, nous nous sommes bien trouvés de suivre les bords de la mer Noire, et qu'il y aurait peut-être imprudence à les abandonner.

— Et pourquoi! Ahmet, puisque notre guide connaît parfaitement ces routes de l'intérieur qu'il nous propose de suivre? D'ailleurs, l'économie de temps en vaut la peine!

— Nous pouvons, mon oncle, en surmenant quelque peu nos attelages, regagner aisément...

— Bon, Ahmet, tu parles ainsi parce que Amasia nous accompagne! s'écria Kéraban. Mais si, maintenant, elle était à nous attendre à Scutari, tu serais le premier à presser notre marche!

— C'est possible, mon oncle!

— Eh bien, moi, qui prends en mains tes intérêts, Ahmet, je pense que plus tôt nous arriverons, mieux cela vaudra! Nous sommes toujours à la merci d'un retard, et, puisque nous pouvons gagner douze lieues en changeant notre itinéraire, il n'y a pas à hésiter!

— Soit, mon oncle, répondit Ahmet. Puisque vous le voulez, je ne discuterai pas à ce sujet...

— Ce n'est pas parce que je le veux, mais parce que les arguments te manquent, mon neveu, et que j'aurais trop beau jeu à te battre! »

Ahmet ne répondit pas. En tout cas, le guide put être convaincu que le jeune homme ne voyait pas, sans quelque arrière-pensée, cette modification proposée par lui. Leurs regards se croisèrent un instant à peine; mais cela leur suffit « à se tâter, » comme on dit en langage d'escrime. Aussi, ce ne fut plus seulement sur ses gardes, mais « en garde » qu'Ahmet résolut de se tenir. Pour lui, le guide était un ennemi, n'attendant que l'occasion de l'attaquer traîtreusement.

Du reste, la détermination d'abréger le voyage ne pouvait que plaire à des voyageurs qui n'avaient guère chômé depuis Trébizonde. Van Mitten et Bruno avaient hâte d'être à Scutari pour liquider une situation pénible, le seigneur Yanar et la noble Saraboul pour revenir au Kurdistan avec leur beau-frère et fiancé sur les paquebots du littoral, Amasia pour être enfin unie à Ahmet, et Nedjeb pour assister aux fêtes de ce mariage !

La proposition fut donc bien accueillie. On résolut de se reposer pendant cette nuit du 27 au 28 septembre, afin de fournir une bonne et longue étape pendant la journée suivante.

Toutefois il y eut quelques précautions à prendre, qui furent indiquées par le guide. Il importait, en effet, de se munir de provisions pour vingt-quatre heures, car la région à traverser manquait de bourgades et de villages. On ne trouverait ni khans, n doukhans, ni auberges sur la route. Donc, nécessité de s'approvisionner de manière à suffire à tous les besoins.

On put heureusement se procurer ce qui était nécessaire, au cap Kerpe, en le payant d'un bon prix, et même faire acquisition d'un âne pour porter ce surcroît de charge.

Il faut le dire, le seigneur Kéraban avait un faible pour les ânes, — sympathie de têtu à têtu, sans doute, — et celui qu'il acheta au cap Kerpe lui plut tout particulièrement.

C'était un animal de petite taille, mais vigoureux, pouvant porter la charge d'un cheval, soit environ quatre-vingt-dix « oks, » ou plus de cent kilogrammes, — un de ces ânes comme on en rencontre par milliers dans ces régions de l'Anatolie, où ils transportent des céréales jusqu'aux divers ports de la côte.

Ce frétillant et alerte baudet avait les narines fendues artificiellement, ce qui permettait de le débarrasser avec plus de facilité des mouches qui s'introduisaient dans son nez. Cela lui donnait un air tout réjoui, une sorte de physionomie gaie, et il eut mérité d'être nommé « l'âne qui rit! » Bien différent de ces pauvres petits animaux dont parle Th. Gautier, lamentables bêtes « aux oreilles flasques, à l'échine maigre et saigneuse, » il devait probablement être aussi entêté que le seigneur

Kéraban, et Bruno se dit que celui-ci avait peut-être trouvé là son maître.

Quant aux provisions, quartier de mouton que l'on ferait cuire sur place, « bourghoul, » sorte de pain fabriqué avec du froment préalablement séché au four et additionné de beurre, c'était tout ce qu'il fallait pour un aussi court trajet. Une petite charrette à deux roues, à laquelle fut attelé l'âne, devait suffire à les transporter.

Un peu avant le lever du soleil, le lendemain, 28 septembre, tout le monde était sur pied. Les chevaux furent aussitôt attelés aux talikas, dans lesquelles chacun prit sa place accoutumée. Ahmet et le guide, enfourchant leur monture, se mirent en tête de la caravane que précédait l'âne, et l'on se mit en route. Une heure après, la vaste étendue de la mer Noire avait disparu derrière les hautes falaises. C'était une région légèrement accidentée, qui se développait devant les pas des voyageurs.

La journée ne fut pas trop pénible, bien que la viabilité des routes laissât à désirer, — ce qui permit au seigneur Kéraban de reprendre la litanie de ses lamentations contre l'incurie des autorités ottomanes.

« On voit bien, répétait-il, que nous nous rapprochons de leur moderne Constantinople!

— Les routes du Kurdistan valent infiniment mieux! fit observer le seigneur Yanar.

— Je le crois volontiers, répondit Kéraban, et mon ami Van Mitten n'aura pas même à regretter la Hollande sous ce rapport!

— Sous aucun rapport! » répliqua vertement la noble Kurde, dont, à chaque occasion, le caractère impérieux se montrait dans toute sa splendeur.

Van Mitten eût volontiers donné au diable son ami Kéraban, qui semblait vraiment prendre quelque plaisir à le taquiner! Mais, en somme, avant quarante-huit heures, il aurait recouvré sa liberté pleine et entière, et il lui passa ses plaisanteries.

Le soir, la caravane s'arrêta auprès d'un village délabré, un amas de huttes, à peine faites pour abriter des bêtes de somme. Là, végétaient quelques centaines de pauvres gens, vivant d'un peu de laitage, de viandes de mauvaise qualité, d'un pain où il entrait plus de son que de farine. Une odeur nauséabonde emplissait l'atmosphère : c'était celle que dégage en brûlant le « tezek, » sorte de tourbe artificielle, composée de fiente et de boue.

seul combustible en usage dans ces campagnes et dont sont quelquefois faits les murs mêmes des huttes.

Il était heureux que, d'après les conseils du guide, la question des vivres eût été préalablement réglée. On n'eût rien trouvé dans ce misérable village, dont les habitants auraient été plus près de demander l'aumône que de la faire.

La nuit se passa, sans incidents, sous un hangar en ruines, où gisaient quelques bottes de paille fraîche. Ahmet veilla avec plus de circonspection que jamais, non sans raison. En effet, au milieu de la nuit, le guide quitta le village et s'aventura à quelques centaines de pas en avant.

Ahmet le suivit, sans être vu, et ne rentra au campement qu'au moment où le guide y rentrait lui-même.

Qu'était donc allé faire cet homme au dehors? Ahmet ne put le deviner. Il s'était assuré que le guide n'avait communiqué avec personne. Pas un être vivant ne s'était approché de lui! Pas un cri éloigné n'avait été jeté à travers le calme de la nuit! Pas un signal n'avait été fait en un point quelconque de la plaine!

« Pas un signal?... se dit Ahmet, lorsqu'il eut

repris sa place sous le hangar. Mais n'était-ce pas un signal, un signal attendu, ce feu qui a paru un instant au ras de l'horizon dans l'ouest? »

Et alors un fait, dont il n'avait pas d'abord tenu compte, se représenta obstinément à l'esprit d'Ahmet. Il se rappela très nettement que, tandis que le guide se tenait debout sur un exhaussement du sol, un feu avait brillé au loin, puis jeté trois éclats distincts à de courts intervalles, avant de disparaître. Or, ce feu, Ahmet l'avait tout d'abord pris pour un feu de pâtre? Maintenant, dans le silence de la solitude, sous l'impression particulière que donne cette torpeur qui n'est pas du sommeil, il réfléchissait, il le revoyait, ce feu, et il en faisait un signal avec une conviction qui allait au delà d'un simple pressentiment.

« Oui, se dit-il, ce guide nous trahit, c'est évident! Il agit dans l'intérêt de quelque personnage puissant... »

Lequel? Ahmet ne pouvait le nommer! Mais, il le pressentait, cette trahison devait se rattacher à l'enlèvement d'Amasia. Arrachée aux mains de ceux qui avaient commis le rapt d'Odessa, était-elle menacée de nouveaux périls, et maintenant, à quelques journées de marche de Scutari, ne fallait-il pas tout craindre en approchant du but?

Ahmet passa le reste de la nuit dans une extrême inquiétude. Quel parti prendre, il ne le savait Devait-il, sans plus tarder, démasquer la trahison de ce guide, — trahison qui, dans sa pensée, ne faisait plus aucun doute, — ou attendre, pour le confondre et le punir, qu'il y eût eu quelque commencement d'exécution?

Le jour en reparaissant lui apporta un peu de calme. Il se décida alors à patienter pendant cette journée encore, afin de mieux pénétrer les intentions du guide. Bien résolu à ne plus le perdre de vue un instant, il ne le laisserait pas s'éloigner pendant les marches ni à l'heure des haltes. D'ailleurs, ses compagnons et lui étaient bien armés, et, si le salut d'Amasia n'eût été en jeu, il n'aurait pas craint de résister à n'importe quelle agression.

Ahmet était redevenu maître de lui-même. Son visage ne fit rien paraître de ce qu'il éprouvait, ni au yeux de ses compagnons, ni même à ceux d'Amasia, dont la tendresse pouvait lire plus avant dans son âme, — pas même à ceux du guide, qui, de son côté, ne cessait de l'observer avec une certaine obstination.

La seule résolution que prit Ahmet fut de faire

part à son oncle Kéraban des nouvelles inquiétudes qu'il avait conçues, et cela, dès que l'occasion s'en présenterait, dût-il, à cet égard, engager et soutenir la plus orageuse des discussions.

Le lendemain, de grand matin, on quitta ce misérable village. S'il ne se produisait ni trahison ni erreur, cette journée devait être la dernière de ce voyage entrepris pour une satisfaction d'amour, propre par le plus entêté des Osmanlis. En tout cas, elle fut très pénible. Les attelages durent faire les plus grands efforts pour traverser cette partie montagneuse, qui devait appartenir au système orographique des Elken. Rien que de ce chef, Ahmet eut fort à regretter d'avoir accepté une modification de l'itinéraire primitif. Plusieurs fois, il fallut mettre pied à terre pour alléger les voitures. Amasia et Nedjeb montrèrent beaucoup d'énergie pendant ces rudes passages. La noble Kurde ne fut pas au-dessous de ses compagnes. Quant à Van Mitten, le fiancé de son choix, toujours un peu affaissé depuis le départ de Trébizonde, il dut marcher au doigt et à la baguette.

Du reste, il n'y eut aucune hésitation sur la direction à prendre. Évidemment, le guide n'ignorait rien des détours de cette contrée. Il la connaissait à fond, suivant Kéraban. Il la connaissait trop, suivant Ahmet. De là, des complimens de l'oncle, que le neveu ne pouvait accepter pour l'homme dont il suspectait la conduite. Il faut ajouter, d'ailleurs, que, pendant cette journée, celui-ci ne quitta pas un instant les voyageurs, et demeura toujours en tête de la petite caravane.

Les choses semblaient donc aller tout naturellement, à part les difficultés inhérentes à l'état des routes, à leur raideur, lorsqu'elles circulaient au flanc de quelque montagne, aux cahots de leur sol, lorsqu'on les traversait en quelques endroits ravinés par les dernières pluies. Cependant, les chevaux s'en tirèrent, et, comme ce devait être leur dernière étape, on put leur demander un peu plus d'efforts que d'habitude. Ils auraient ensuite tout le temps de se reposer.

Il n'était pas jusqu'au petit âne, qui ne portât allègrement sa charge. Aussi, le seigneur Kéraban l'avait-il pris en amitié.

« Par Allah! il me plaît, cet animal, répétait-il, et, pour mieux narguer les autorités ottomanes, j'ai bonne envie d'arriver, perché sur son dos, aux rives du Bosphore! »

On en conviendra, c'était là une idée, — une idée

à la Kéraban! — mais personne ne la discuta, afin que son auteur ne fût point tenté de la mettre à exécution.

Vers neuf heures du soir, après une journée véritablement fatigante, la petite troupe s'arrêta, et, sur le conseil du guide, on s'occupa d'organiser le campement.

« A quelle distance sommes-nous maintenant des hauteurs de Scutari? demanda Ahmet.

— A cinq ou six lieues encore, répondit le guide.

— Alors, pourquoi ne pas pousser plus avant? reprit Ahmet. En quelques heures, nous pourrions être arrivés…

— Seigneur Ahmet, répondit le guide, je ne me soucie pas de m'aventurer, pendant la nuit, dans cette partie de la province, où je risquerais de m'égarer! Demain, au contraire, avec les premières lueurs du jour, je n'aurai rien à craindre, et, avant midi, nous serons arrivés au terme du voyage.

— Cet homme a raison, dit le seigneur Kéraban. Il ne faut pas compromettre la partie par tant de hâte! Campons ici, mon neveu, prenons ensemble notre dernier repas de voyageurs, et, demain, avant dix heures, nous aurons salué les eaux du Bosphore! »

Tous, sauf Ahmet, furent de l'avis du seigneur

Kéraban. On se disposa donc à camper dans les meilleures conditions possibles pour cette dernière nuit de voyage.

Du reste, l'endroit avait été bien choisi par le guide. C'était un assez étroit défilé, creusé entre des montagnes qui ne sont plus, à proprement parler, que des collines en cette partie de l'Anatolie occidentale. On donnait à cette passe le nom de gorges de Nérissa. Au fond, de hautes roches se reliaient aux premières assises d'un massif, dont les gradins semi-circulaires s'étageaient sur la gauche. A droite, s'ouvrait une profonde caverne, dans laquelle la petite troupe tout entière pouvait trouver un abri, — ce qui fut constaté après examen de ladite caverne.

Si le lieu était convenable pour une halte de voyageurs, il ne l'était pas moins pour les attelages, aussi désireux de nourriture que de repos. A quelques centaines de pas de là, en dehors de la sinueuse gorge, s'étendait une prairie, où ne manquaient ni l'eau ni l'herbe. C'est là que les chevaux furent conduits par Nizib, qui devait être préposé à leur garde, suivant son habitude pendant les haltes nocturnes.

Nizib se dirigea donc vers la prairie, et Ahmet

l'accompagna, afin de reconnaître les lieux et s'assurer que, de ce côté, il n'y avait aucun danger à craindre.

En effet, Ahmet ne vit rien de suspect. La prairie, que fermaient dans l'ouest quelques collines longuement ondulées, était absolument déserte. A sa tombée, la nuit était calme, et la lune, qui devait se lever vers onze heures, allait bientôt l'emplir d'une suffisante clarté. Quelques étoiles brillaient entre de hauts nuages, immobiles et comme endormis dans les hautes zones du ciel. Pas un souffle ne traversait l'atmosphère, pas un bruit ne se faisait entendre à travers l'espace.

Ahmet observa avec la plus extrême attention l'horizon sur tout son périmètre. Quelque feu, ce soir-là, allait-il apparaître encore à la crête des collines environnantes? Quelque signal serait-il fait que le guide viendrait plus tard surprendre?...

Aucun feu ne se montra sur la lisière de la prairie. Aucun signal ne fut envoyé du lointain de la plaine.

Ahmet recommanda à Nizib de veiller avec la plus grande vigilance. Il lui enjoignit de revenir sans perdre un instant, pour le cas où quelque éventualité se produirait avant que les attelages n'eussent pu être ramenés au campement. Puis, en toute hâte, il reprit le chemin des gorges de Nérissa.

XII

DANS LEQUEL IL EST RAPPORTÉ QUELQUES PROPOS
ÉCHANGÉS ENTRE LA NOBLE SARABOUL
ET SON NOUVEAU FIANCÉ.

Lorsque Ahmet rejoignit ses compagnons, les dernières dispositions, pour souper d'abord, pour dormir ensuite, avaient été convenablement prises. La chambre à coucher, ou plutôt le dortoir commun, c'était la caverne, haute, spacieuse, avec des coins et recoins, où chacun pourrait se blottir à son gré et même à son aise. La salle à manger, c'était cette partie plane du campement, sur laquelle des roches éboulées, des fragments de pierre, pouvaient servir de sièges et de tables.

Quelques provisions avaient été tirées de la charrette traînée par le petit âne,—lequel comptait au nombre des convives, ayant été spécialement invité par son ami le seigneur Kéraban. Un peu de fourrage, dont on avait fait une bonne récolte, lui assurait une suffisante part du festin, et il en brayait de satisfaction.

« Soupons, s'écria Kéraban d'un ton joyeux, soupons, mes amis! Mangeons et buvons à notre aise! Ce sera autant de moins que ce brave âne aura à traîner jusqu'à Scutari! »

Il va sans dire que, pour ce repas en plein air, au milieu de ce campement éclairé de quelques torches résineuses, chacun s'était placé à sa guise. Au fond, le seigneur Kéraban trônait sur une roche, véritable fauteuil d'honneur de cette réunion épulatoire. Amasia et Nedjeb, l'une près de l'autre, comme deux amies, — il n'y avait plus ni maîtresse ni servante, — assises sur de plus modestes pierres, avaient réservé une place à Ahmet, qui ne tarda pas à les rejoindre.

Quant au seigneur Van Mitten, il va de soi qu'il était flanqué, à droite de l'inévitable Yanar, à gauche de l'inséparable Saraboul, et, tous les trois, ils s'étaient attablés devant un gros fragment de roc, que les soupirs du nouveau fiancé auraient dû attendrir.

Bruno, plus maigre que jamais, grignotant et geignant, allait et venait pour les besoins du service.

Non seulement le seigneur Kéraban était de belle

humeur, comme quelqu'un à qui tout réussit, mais, suivant son habitude, sa joie s'épanchait en propos plaisants, lesquels visaient plus directement son ami Van Mitten. Oui! il était ainsi fait, que l'aventure matrimoniale arrivée à ce pauvre homme, — par dévouement pour lui et les siens, — ne cessait guère d'exciter sa verve caustique! Dans douze heures, il est vrai, cette histoire aurait pris fin et Van Mitten n'entendrait plus parler ni du frère ni de la sœur kurdes! De là, une sorte de raison que Kéraban se donnait à lui-même pour ne point se gêner à l'égard de son compagnon de voyage.

« Eh bien, Van Mitten, cela va bien, n'est-ce pas? dit-il en se frottant les mains. Vous voilà au comble de vos vœux!... De bons amis vous font cortège!... Une aimable femme, qui s'est heureusement rencontrée sur votre route, vous accompagne!... Allah n'aurait pu faire davantage pour vous, quand bien même vous eussiez été l'un de ses plus fidèles croyants! »

Le Hollandais regarda son ami en allongeant quelque peu les lèvres, mais sans répondre.

« Eh bien, vous vous taisez? dit Yanar.

— Non!... Je parle... je parle en dedans!

— A qui? demanda impérieusement la noble Kurde, qui lui saisit vivement le bras.

— A vous, chère Saraboul,... à vous! » répondit sans conviction l'interloqué Van Mitten.

Puis, se levant :

« Ouf! » fit-il.

Le seigneur Yanar et sa sœur, s'étant redressés au même moment, le suivaient dans toutes ses allées et venues.

« Si vous voulez, reprit Saraboul de ce ton doucereux qui ne permet pas la moindre contradiction, si vous le voulez, nous ne passerons que quelques heures à Scutari?

— Si je le veux?...

— N'êtes-vous pas mon maître, seigneur Van Mitten? ajouta l'insinuante personne.

— Oui! murmura Bruno, il est son maître... comme on est le maître d'un dogue qui peut, à chaque instant, vous sauter à la gorge!

— Heureusement, se disait Van Mitten, demain... à Scutari... rupture et abandon!... Mais quelle scène en perspective! »

Amasia le regardait avec un véritable sentiment de commisération, et, n'osant le plaindre à haute voix, elle s'en ouvrait quelquefois à son fidèle serviteur:

« Pauvre monsieur Van Mitten! répétait-elle à Bruno. Voilà pourtant où l'a mené son dévouement pour nous!

— Et sa platitude envers le seigneur Kéraban! répondait Bruno, qui ne pouvait pardonner à son maître une condescendance poussée à ce degré de faiblesse.

— Eh! dit Nedjeb, cela prouve, au moins, que monsieur Van Mitten a un cœur bon et généreux!

— Trop généreux! répliqua Bruno. Au surplus, depuis que mon maître a consenti à suivre le seigneur Kéraban en un pareil voyage, je n'ai cessé de lui répéter qu'il lui arriverait malheur tôt ou tard! Mais un malheur pareil! Devenir le fiancé, ne fût-ce que pour quelques jours, de cette Kurde endiablée! Jamais je n'aurais pu imaginer cela... non! jamais! La première madame Van Mitten était une colombe en comparaison de la seconde! »

Cependant, le Hollandais s'était assis à une autre place, toujours flanqué de ses deux garde-du-corps, lorsque Bruno vint lui offrir quelque nourriture; mais Van Mitten ne se sentait pas en appétit.

« Vous ne mangez pas, seigneur Van Mitten? lui dit Saraboul, qui le regardait entre les deux yeux.

— Je n'ai pas faim !

— Vraiment, vous n'avez pas faim ! répliqua le seigneur Yanar. Au Kurdistan on a toujours faim... même après les repas !

— Ah ! au Kurdistan ?... répondit Van Mitten en avalant les morceaux doubles, — par obéissance.

— Et buvez ! ajouta la noble Saraboul.

— Mais, je bois... je bois vos paroles ! »

Et il n'osa pas ajouter :

« Seulement, je ne sais pas si c'est bon pour l'estomac !

—Buvez, puisqu'on vous le dit ! reprit le seigneur Yanar.

— Je n'ai pas soif !

— Au Kurdistan, on a toujours soif... même après les repas ! »

Pendant ce temps, Ahmet, toujours en éveil, observait attentivement le guide.

Cet homme, assis à l'écart, prenait sa part du repas, mais il ne pouvait dissimuler quelques mouvements d'impatience. Du moins, Ahmet crut le remarquer. Et comment eût-il pu en être autrement ? A ses yeux, cet homme était un traître ! Il devait avoir hâte que tous ses compagnons et lui eussent cherché refuge dans la caverne, où le sommeil les livrerait sans défense, à quelque agression convenue! Peut-être même le guide aurait-il voulu s'éloigner pour quelque secrète machination; mais il n'osait, en présence d'Ahmet, dont il connaissait les défiances.

« Allons, mes amis, s'écria Kéraban, voilà un bon repas pour un repas en plein air! Nous aurons bien réparé nos forces avant notre dernière étape! N'est-il pas vrai, ma petite Amasia?

— Oui, seigneur Kéraban, répondit la jeune fille! D'ailleurs, je suis forte, et s'il fallait recommencer ce voyage?...

— Tu le recommencerais?...

— Pour vous suivre.

— Surtout après avoir fait une certaine halte à Scutari! s'écria Kéraban avec un bon gros rire, une halte comme notre ami Van Mitten en a fait une à Trébizonde!

— Et, par-dessus le marché, il me plaisante! » murmurait Van Mitten.

Il enrageait, au fond, mais n'osait répondre en présence de la trop nerveuse Saraboul.

« Ah! reprit Kéraban, le mariage d'Ahmet et d'Amasia, ce ne sera peut-être pas si beau que les fiançailles de notre ami Van Mitten et de la noble

Kurde! Sans doute, je ne pourrai pas leur offrir une fête au Paradis de Mahomet, mais nous ferons bien les choses, comptez sur moi! Je veux que tout Scutari soit convié à la noce, et que nos amis de Constantinople emplissent les jardins de la villa!

— Il ne nous en faut pas tant! répondit la jeune fille.

— Oui!... oui!... chère maîtresse! s'écria Nedjeb.

— Et si je le veux, moi!... si je le veux!... ajouta le seigneur Kéraban. Est-ce que ma petite Amasia voudrait me contrarier?

— Oh! seigneur Kéraban!

— Eh bien, reprit l'oncle en levant son verre, au bonheur de ces jeunes gens qui méritent si bien d'être heureux!

— Au seigneur Ahmet!... A la jeune Amasia!... répétèrent d'une commune voix tous ces convives en belle humeur.

— Et à l'union, ajouta Kéraban, oui!... à l'union du Kurdistan et de la Hollande! »

Sur cette « santé, » portée d'une voix joyeuse, devant toutes ces mains tendues vers lui, le seigneur Van Mitten, bon gré mal gré, dut s'incliner en manière de remerciement et boire à son propre bonheur.

Ce repas, fort rudimentaire, mais gaiement pris, était achevé. Encore quelques heures de repos, et l'on pourrait terminer ce voyage sans trop de fatigues.

« Allons dormir jusqu'au jour, dit Kéraban. Lorsque le moment en sera venu, je charge notre guide de nous éveiller tous!

— Soit, seigneur Kéraban, répondit cet homme, mais n'est-il pas plus à propos que j'aille remplacer votre serviteur Nizib à la garde des attelages?

— Non, demeurez! dit vivement Ahmet. Nizib est bien où il est et je préfère que vous restiez ici!... Nous veillerons ensemble!

— Veiller?... reprit le guide, en dissimulant mal la contrariété qu'il éprouvait. Il n'y a pas le moindre danger à craindre dans cette région extrême de l'Anatolie!

— C'est possible, répondit Ahmet, mais un excès de prudence ne peut nuire!... Je me charge, moi, de remplacer Nizib à la garde des chevaux! Donc, restez!

— Comme il vous plaira, seigneur Ahmet, répondit le guide. Disposons donc tout dans la caverne pour que vos compagnons puissent y dormir plus à l'aise.

— Faites, dit Ahmet, et Bruno voudra bien vous aider, avec l'agrément de monsieur Van Mitten.

— Va, Bruno, va! » répondit le Hollandais.

Le guide et Bruno entrèrent dans la caverne, emportant les couvertures de voyage, les manteaux, les cafetans, qui devaient servir de literie. Amasia, Nedjeb et leurs compagnons ne s'étaient point montrés difficiles sur la question du souper : la question du coucher devait les trouver aussi accommodants, sans doute.

Pendant que s'achevaient les derniers préparatifs, Amasia s'était rapprochée d'Ahmet, elle lui avait pris la main, elle lui disait :

« Ainsi, mon cher Ahmet, vous allez encore passer toute cette nuit sans reposer?

— Oui, répondit Ahmet, qui ne voulait rien laisser voir de ses inquiétudes. Ne dois-je pas veiller sur tous ceux qui me sont chers?

— Enfin, ce sera pour la dernière fois?

— La dernière! Demain, nous en aurons enfin fini avec toutes les fatigues de ce voyage!

— Demain!... répéta Amasia en levant ses beaux yeux sur le jeune homme, dont le regard répondit au sien, ce demain qui semblait ne devoir jamais arriver...

— Et qui maintenant va durer toujours ! répondit Ahmet.

— Toujours ! » murmura la jeune fille.

La noble Saraboul, elle aussi, avait pris la main de son fiancé, et, lui montrant Amasia et Ahmet :

« Vous les voyez, seigneur Van Mitten, vous les voyez tous deux ! dit-elle en soupirant.

— Qui ?... répondit le Hollandais, dont les pensées étaient loin de suivre un cours aussi tendre.

— Qui ?... répliqua aigrement Saraboul, mais ces jeunes fiancés !... En vérité, je vous trouve singulièrement contenu !

— Vous savez, répondit Van Mitten, les Hollandais !... La Hollande est un pays de digues !... Il y a des digues partout !

— Il n'y a pas de digues au Kurdistan ! s'écria la noble Saraboul, blessée de tant de froideur.

— Non ! il n'y en a pas ! riposta le seigneur Yanar, en secouant le bras de son beau-frère, qui faillit être écrasé dans cet étau vivant.

— Heureusement, ne put s'empêcher de dire Kéraban, il sera libéré demain, notre ami Van Mitten ! »

Puis, se retournant vers ses compagnons :

« Eh bien, la chambre doit être prête !... Une

chambre d'amis, où il y a place pour tout le monde!... Voilà bientôt onze heures!... Déjà la lune se lève!... Allons dormir!

— Viens, Nedjeb, dit Amasia à la jeune Zingare.

— Je vous suis, chère maîtresse.

— Bonsoir, Ahmet!

— A demain, chère Amasia, à demain! répondit Ahmet en conduisant la jeune fille jusqu'à l'entrée de la caverne.

— Vous me suivez, seigneur Van Mitten? dit Saraboul, d'un ton qui n'avait rien de bien engageant.

— Certainement, répondit le Hollandais. Toutefois, si cela était nécessaire, je pourrais tenir compagnie à mon jeune ami Ahmet!

— Vous dites?... s'écria l'impérieuse Kurde.

— Il dit?... répéta le seigneur Yanar.

— Je dis... répondit Van Mitten... je dis, chère Saraboul, que mon devoir m'oblige à veiller sur vous... et que...

— Soit!... Vous veillerez... mais là! »

Et elle lui montra d'une main la caverne, tandis que Yanar le poussait par l'épaule, en disant :

« Il y a une chose dont vous ne vous doutez sans doute pas, seigneur Van Mitten?

— Une chose dont je ne me doute pas, seigneur Yanar?... Et laquelle, s'il vous plaît?

— C'est qu'en épousant ma sœur, vous avez épousé un volcan! »

Sous l'impulsion donnée par un bras vigoureux, Van Mitten franchit le seuil de la caverne, où sa fiancée venait de le précéder, et dans laquelle le suivit incontinent le seigneur Yanar.

Au moment où Kéraban allait y pénétrer à son tour, Ahmet le retint en disant :

« Mon oncle, un mot!

— Rien qu'un seul, Ahmet! répondit Kéraban. Je suis fatigué et j'ai besoin de dormir.

— Soit, mais je vous prie de m'entendre!

— Qu'as-tu à me dire?

— Savez-vous où nous sommes ici?

— Oui... dans le défilé des gorges de Nérissa!

— A quelle distance de Scutari?

— Cinq ou six lieues à peine!

— Qui vous l'a dit?

— Mais... c'est notre guide!

— Et vous avez confiance en cet homme?

— Pourquoi m'en défierais-je?

— Parce que cet homme, que j'observe depuis quelques jours, a des allures de plus en plus suspectes! répondit Ahmet. Le connaissez-vous, mon oncle? Non! A Trébizonde, il est venu s'offrir pour vous conduire jusqu'au Bosphore! Vous avez accepté ses services, sans même savoir qui il était! Nous sommes partis sous sa direction...

— Eh bien, Ahmet, il a suffisamment prouvé qu'il connaissait ces chemins de l'Anatolie, ce me semble!

— Incontestablement, mon oncle!

— Cherches-tu une discussion, mon neveu? demanda le seigneur Kéraban, dont le front commença à se plisser avec une persistance quelque peu inquiétante.

— Non, mon oncle, non, et je vous prie de ne voir en moi aucune intention de vous être désagréable!... Mais, que voulez-vous, je ne suis pas tranquille, et j'ai peur pour tous ceux que j'aime! »

L'émotion d'Ahmet était si visible, pendant qu'il parlait ainsi, que son oncle ne put l'entendre sans en être profondément remué.

« Voyons, Ahmet, mon enfant, qu'as-tu? reprit-il. Pourquoi ces craintes, au moment où toutes nos épreuves vont finir! Je veux bien convenir avec toi,... mais avec toi seulement!... que j'ai fait un coup de tête en entreprenant ce voyage insensé!

J'avouerai même que, sans mon entêtement à te faire quitter Odessa, l'enlèvement d'Amasia ne se serait probablement point accompli!... Oui! tout cela, c'est ma faute!... Mais enfin, nous voici au terme de ce voyage!... Ton mariage n'aura pas même été retardé d'un jour!... Demain, nous serons à Scutari... et demain...

— Et si, demain, nous n'étions pas à Scutari, mon oncle? Si nous en étions beaucoup plus éloignés que ne le dit ce guide? S'il nous avait égarés à dessein, après avoir conseillé d'abandonner les routes du littoral? Enfin, si cet homme était un traître?

— Un traître?... s'écria Kéraban.

— Oui, reprit Ahmet, et si ce traître servait les intérêts de ceux qui ont fait enlever Amasia?

— Par Allah! mon neveu, d'où peut te venir cette idée, et sur quoi repose-t-elle? Sur de simples pressentiments?

— Non! sur des faits, mon oncle! Écoutez-moi! Depuis quelques jours, cet homme nous a souvent quittés pendant les haltes, sous prétexte d'aller reconnaître la route!... A plusieurs reprises, il s'est éloigné, non pas inquiet mais impatient, en homme qui ne veut pas être vu!... La nuit dernière, il a

abandonné pendant une heure le campement!...
Je l'ai suivi, en me cachant, et j'affirmerais...
j'affirme même qu'un signal de feu lui a été
envoyé d'un point de l'horizon... un signal qu'il
attendait!

— En effet, cela est grave, Ahmet! répondit
Kéraban. Mais pourquoi rattaches-tu les machinations de cet homme aux circonstances qui ont amené l'enlèvement d'Amasia sur la *Guïdare*?

— Eh! mon oncle, cette tartane, où allait-elle?
Etait-ce à ce petit port d'Atina, où elle s'est perdue. Non évidemment!... Ne savons-nous pas qu'elle a été rejetée par la tempête hors de sa route?... Eh bien, à mon avis, sa destination était Trébizonde, où s'approvisionnent trop souvent les harems de ces nababs de l'Anatolie!... Là, on a pu facilement apprendre que la jeune fille enlevée avait été sauvée du naufrage, se mettre sur ses traces, et nous dépêcher ce guide pour conduire notre petite caravane à quelque guet-apens!

— Oui!... Ahmet!... répondit Kéraban, en effet!... Tu pourrais avoir raison!... Il est possible qu'un danger nous menace!... Tu as veillé... tu as bien fait, et, cette nuit, je veillerai avec toi!

— Non, mon oncle, non reprit Ahmet, reposez-vous !... Je suis bien armé, et, à la première alerte...

— Je te dis que je veillerai, moi aussi ! reprit Kéraban. Il ne sera pas dit que la folie d'un têtu de mon espèce aura pu amener quelque nouvelle catastrophe !

— Non, ne vous fatiguez pas inutilement !... Le guide, sur mon ordre, doit passer la nuit dans la caverne !... Rentrez !

— Je ne rentrerai pas !

— Mon oncle...

— A la fin, vas-tu me contrarier là-dessus ! répliqua Kéraban. Ah ! prends garde, Ahmet ! Il y a longtemps que personne ne m'a tenu tête !

— Soit, mon oncle, soit ! Nous veillerons ensemble !

— Oui ! une veillée sous les armes, et malheur à qui s'approchera de notre campement ! »

Le seigneur Kéraban et Ahmet, allant et venant, les regards attachés sur l'étroite passe, écoutant les moindres bruits qui auraient pu se propager au milieu de cette nuit si calme, firent donc bonne et fidèle garde à l'entrée de la caverne.

Deux heures se passèrent ainsi, puis, une heure encore. Rien de suspect ne s'était produit, qui fût de nature à justifier les soupçons du seigneur

Kéraban et de son neveu. Ils pouvaient donc espérer que la nuit s'écoulerait sans incidents, lorsque, vers trois heures du matin, des cris, de véritables cris d'épouvante, retentirent à l'extrémité de la passe.

Aussitôt Kéraban et Ahmet sautèrent sur leurs armes, qui avaient été déposées au pied d'une roche, et, cette fois, peu confiant dans la justesse de ses pistolets, l'oncle avait pris un fusil.

Au même instant, Nizib, accourant tout essoufflé, apparaissait à l'entrée du défilé.

« Ah! mon maître!

— Qu'y a-t-il, Nizib?

— Mon maître... là-bas... là-bas!...

— Là-bas?.. dit Ahmet.

— Les chevaux!

— Nos chevaux?...

— Oui!

— Mais parle donc, stupide animal! s'écria Kéraban, qui secoua rudement le pauvre garçon. Nos chevaux?...

— Volés!

— Volés?

— Oui! reprit Nizib. Deux ou trois hommes se sont jetés dans le pâturage... pour s'en emparer...

— Ils se sont emparés de nos chevaux! s'écria Ahmet, et ils les ont entraînés, dis-tu?

— Oui!

— Sur la route... de ce côté?... reprit Ahmet en indiquant la direction de l'ouest.

— De ce côté!

— Il faut courir... courir après ces bandits... les rejoindre!... s'écria Kéraban.

— Restez, mon oncle! répondit Ahmet. Vouloir maintenant rattraper nos chevaux, c'est impossible!.. Ce qu'il faut, avant tout, c'est mettre notre campement en état de défense!

— Ah!... mon maître!... dit soudain Nizib à mi-voix. Voyez!... Voyez!... Là!... là!... »

Et de la main, il montrait l'arête d'une haute roche, qui se dressait à gauche.

XIII

DANS LEQUEL, APRÈS AVOIR TENU TÊTE A SON ANE,
LE SEIGNEUR KÉRABAN TIENT TÊTE
A SON PLUS MORTEL ENNEMI.

Le seigneur Kéraban et Ahmet s'étaient retournés. Ils regardaient dans la direction indiquée par Nizib. Ce qu'ils virent les fit aussitôt reculer, de manière à ne pouvoir être aperçus.

Sur l'arête supérieure de cette roche, à l'opposé de la caverne, rampait un homme, qui essayait d'en atteindre l'angle extrême, — sans doute pour observer de plus près les dispositions du campement. De là, à penser qu'un accord secret existait entre le guide et cet homme, c'était naturellement indiqué.

En réalité, il faut le dire, dans toute cette machination organisée autour de Kéraban et de ses compagnons, Ahmet avait vu juste. Son oncle fut bien forcé de le reconnaître. Il fallait, en outre, conclure que le péril était imminent, qu'une agression se préparait dans l'ombre, et que, cette nuit même la petite caravane, après avoir été attirée dans une embuscade, courait à une destruction totale.

Dans un premier mouvement irréfléchi, Kéraban, son fusil rapidement épaulé, venait de coucher en joue cet espion qui se hasardait à venir jusqu'à la limite du campement. Une seconde plus tard, le coup partait, et l'homme fût tombé, mortellement frappé, sans doute! Mais n'eût-ce pas été donner l'éveil et compromettre une situation déjà grave.

« Arrêtez, mon oncle! dit Ahmet à voix basse, en relevant l'arme braquée vers le sommet de la roche.

— Mais, Ahmet...

— Non... pas de détonation qui puisse devenir un signal d'attaque! Et, quant à cet homme, mieux vaut le prendre vivant! Il faut savoir pour le compte de qui ces misérables agissent!

— Mais comment s'en emparer?

— Laissez-moi faire! » répondit Ahmet.

Et il disparut vers la gauche, de manière à contourner la roche, afin de la gravir à revers.

Pendant ce temps, Kéraban et Nizib se tenaient prêts à intervenir, le cas échéant.

L'espion, couché sur le ventre, avait alors atteint l'angle extrême de la roche. Sa tête en dépassait seule l'arête. A la brillante clarté de la lune, il cherchait à voir l'entrée de la caverne.

Une demi-minute après, Ahmet apparaissait sur le plateau supérieur, et, rampant à son tour avec une extrême précaution, il s'avançait vers l'espion, qui ne pouvait l'apercevoir.

Par malheur, une circonstance inattendue allait mettre cet homme sur ses gardes et lui révéler le danger qui le menaçait.

A ce moment même, Amasia venait de quitter la caverne. Une profonde inquiétude, dont elle ne se rendait pas compte, la troublait au point qu'elle ne pouvait dormir. Elle sentait Ahmet menacé, à la merci d'un coup de fusil ou d'un coup de poignard!

A peine Kéraban e't-il aperçu la jeune fille qu'il lui fit signe de s'arrêter. Mais Amasia ne le comprit pas, et, levant la tête, elle aperçut Ahmet, au moment où celui-ci se redressait vers la roche. Un cri d'épouvante lui échappa.

A ce cri, l'espion s'était retourné rapidement,

puis redressé, et, voyant Ahmet à demi-courbé encore, il se jeta sur lui.

Amasia, clouée sur place par la terreur, eut cependant encore la force de crier :

« Ahmet!... Ahmet!... »

L'espion, un couteau à la main, allait frapper son adversaire; mais Kéraban, épaulant son fusil, tira.

L'espion, atteint mortellement en pleine poitrine, laissa tomber son poignard et roula jusqu'à terre.

Un instant après, Amasia était dans les bras d'Ahmet qui, se laissant glisser du haut de la roche, venait de la rejoindre.

Cependant, tous les hôtes de la caverne venaient d'en sortir au bruit de la détonation, — tous, sauf le guide.

Le seigneur Kéraban, brandissant son arme, s'écriait :

« Par Allah! voilà un maître coup de feu!

— Encore des dangers! murmura Bruno.

— Ne me quittez pas, Van Mitten! dit l'énergique Saraboul en saisissant le bras de son fiancé.

— Il ne vous quittera pas, ma sœur! » répondit résolument le seigneur Yanar.

Cependant, Ahmet s'était approché du corps de l'espion.

« Cet homme est mort, dit-il, et il nous l'aurait fallu vivant ! »

Nedjeb l'avait rejoint, et, aussitôt de s'écrier :

« Mais... cet homme... c'est... »

Amasia venait de s'approcher à son tour :

« Oui !... C'est lui !... C'est Yarhud ! dit-elle. C'est le capitaine de la *Guïdare* !

— Yarhud ? s'écria Kéraban.

— Ah ! j'avais donc raison ! dit Ahmet.

— Oui !... reprit Amasia. C'est bien cet homme qui nous a enlevées de la maison de mon père !

— Je le reconnais, ajouta Ahmet, je le reconnais, moi aussi ! C'est lui qui est venu à la villa nous offrir ses marchandises, quelques instants avant mon départ !... Mais il ne peut être seul !... Toute une bande de malfaiteurs est sur nos traces !... Et pour nous mettre dans l'impossibilité de continuer notre route, ils viennent d'enlever nos chevaux !

— Nos chevaux enlevés ! s'écria Saraboul.

— Rien de tout cela ne nous serait arrivé, si nous avions repris la route du Kurdistan ! » ajouta le seigneur Yanar.

Et son regard, pesant sur Van Mitten, semblait rendre le pauvre homme responsable de toutes ces complications.

« Mais enfin, pour le compte de qui agissait donc ce Yarhud? demanda Kéraban.

— S'il était vivant, nous saurions bien lui arracher son secret! s'écria Ahmet.

— Peut-être a-t-il sur lui quelque papier... dit Amasia.

— Oui!... Il faut fouiller ce cadavre! » répondit Kéraban.

Ahmet se pencha sur le corps de Yarhud, tandis que Nizib approchait une lanterne allumée qu'il venait de prendre dans la caverne.

« Une lettre!... Voici une lettre! » dit Ahmet, en retirant sa main de la poche du capitaine maltais.

Cette lettre était adressée à un certain Scarpante.

« Lis donc!... lis donc, Ahmet! » s'écria Kéraban, qui ne pouvait plus maîtriser son impatience!

Et Ahmet, après avoir ouvert la lettre, lut ce qui suit :

« Les chevaux de la caravane une fois enlevés,
« lorsque Kéraban et ses compagnons seront en-
« dormis dans la caverne où les aura conduits
« Scarpante... »

— Scarpante! s'écria Kéraban... C'est donc le nom de notre guide, le nom de ce traître?

— Oui!... Je ne m'étais pas trompé sur son compte! » dit Ahmet.

Puis, continuant :

« Que Scarpante fasse un signal en agitant une torche, et nos hommes se jetteront dans les gorges de Nérissa. »

— Et cela est signé?... demanda Kéraban.

— Cela est signé... Saffar!

— Saffar!... Saffar!... Serait-ce donc?...

— Oui! répondit Ahmet, c'est évidemment cet insolent personnage que nous avons rencontré au railway de Poti, et qui, quelques heures après, s'embarquait pour Trébizonde!... Oui! c'est ce Saffar qui a fait enlever Amasia et qui veut à tout prix la reprendre!

— Ah! seigneur Saffar!... s'écria Kéraban, en levant son poing fermé qu'il aissa retomber sur une tête imaginaire, si je me trouve jamais face à face avec toi!

— Mais ce Scarpante, demanda Ahmet, où est-il? »

Bruno s'était précipité dans la caverne et en ressortait presque aussitôt en disant :

« Disparu... par quelque autre issue, sans doute! »

C'était, en effet, ce qui était arrivé. Scarpante,

sa trahison découverte, venait de s'échapper par le fond de la caverne.

Ainsi, cette criminelle machination était maintenant connue dans tous ses détails! C'était bien l'intendant du seigneur Saffar, qui s'était offert comme guide! C'était bien ce Scarpante, qui avait conduit la petite caravane, d'abord par les routes de la côte, ensuite à travers ces montagneuses régions de l'Anatolie! C'était bien Yarhud dont les signaux avaient été aperçus par Ahmet pendant la nuit précédente, et c'était bien le capitaine de la *Guïdare*, qui venait, en se glissant dans l'ombre, apporter à Scarpante les derniers ordres de Saffar!

Mais la vigilance et surtout la perspicacité d'Ahmet avaient déjoué toute cette manœuvre. Le traître démasqué, les desseins criminels de son maître étaient connus. Le nom de l'auteur de l'enlèvement d'Amasia, on le connaissait, et il se trouvait que c'était précisément ce Saffar que le seigneur Kéraban menaçait de ses plus terribles représailles.

Mais, si le guet-apens dans lequel avait été attirée la petite caravane était découvert, le péril n'en était pas moins grand puisqu'elle pouvait être attaquée d'un instant à l'autre.

Aussi Ahmet, avec son caractère résolu, prit-il rapidement le seul parti qu'il y eût à prendre.

« Mes amis, dit-il, il faut quitter à l'instant ces gorges de Nérissa. Si l'on nous attaquait dans cet étroit défilé, dominé par de hautes roches, nous n'en sortirions pas vivants !

— Partons ! répondit Kéraban. — Bruno, Nizib, et vous, seigneur Yanar, que vos armes soient prêtes à tout événement !

— Comptez sur nous, seigneur Kéraban, répondit Yanar, et vous verrez ce que nous saurons faire, ma sœur et moi !

— Certes ! répondit la courageuse Kurde, en brandissant son yatagan dans un mouvement magnifique. Je n'oublierai pas que j'ai maintenant un fiancé à défendre ! »

Si jamais Van Mitten subit une profonde humiliation, ce fut d'entendre l'intrépide femme parler ainsi. Mais, à son tour, il saisit un revolver, bien décidé à faire son devoir.

Tous allaient donc remonter le défilé, de manière à gagner les plateaux environnants, lorsque Bruno crut devoir faire cette réflexion, en homme que la question des repas tient toujours en éveil.

« Mais cet âne, on ne peut le laisser ici !

— En effet, répondit Ahmet. Peut-être Scarpante nous a-t-il égarés dans cette portion reculée de l'Anatolie! Peut-être sommes-nous plus éloignés de Scutari que nous ne le pensons!... Et dans cette charrette sont les seules provisions qui nous restent! »

Toutes ces hypothèses étaient fort plausibles. On devait craindre, maintenant, que cette intervention d'un traître n'eût compromis l'arrivée du seigneur Kéraban et des siens sur les rives du Bosphore, en les éloignant de leur but.

Mais, ce n'était pas l'instant de raisonner sur tout cela : il fallait agir sans perdre un instant.

« Eh bien, dit Kéraban, il nous suivra, cet âne, et pourquoi ne nous suivrait il pas? »

Et, ce disant, il alla prendre l'animal par sa longe, puis, il essaya de le tirer à lui.

« Allons! » dit-il.

L'âne ne bougea pas.

« Viendras-tu de bon gré? » reprit Kéraban, en lui donnant une forte secousse.

L'âne, qui, sans doute, était fort têtu de sa nature, ne bougea pas davantage.

« Pousse-le, Nizib! » dit Kéraban.

Nizib, aidé de Bruno, essaya de pousser l'âne

par derrière... L'âne recula plutôt qu'il n'avança.

« Ah! tu t'entêtes! s'écria Kéraban, qui commençait à se fâcher sérieusement.

— Bon! murmura Bruno, têtu contre têtu!

— Tu me résistes... à moi? reprit Kéraban.

— Votre maître a trouvé le sien! dit Bruno à Nizib, en prenant soin de n'être point entendu.

— Cela m'étonnerait! » répondit Nizib sur le même ton.

Cependant, Ahmet répétait avec impatience :

« Mais il faut partir!... Nous ne pouvons tarder d'une minute... quitte à abandonner cet âne!

— Moi!... lui céder!... jamais! » s'écria Kéraban.

Et, prenant la tête du baudet par les oreilles, puis, les secouant comme s'il eût voulu les arracher :

« Marcheras-tu? » s'écria-t-il.

L'âne ne bougea pas.

« Ah! tu ne veux pas m'obéir!... dit Kéraban. Eh bien, je saurai t'y forcer quand même! »

Et voilà Kéraban courant à l'entrée de la caverne, et y ramassant quelques poignées d'herbe sèche, dont il fit une petite botte qu'il présenta à l'âne. Celui-ci fit un pas en avant.

« Ah! ah! s'écria Kéraban, il faut cela pour te décider à marcher!... Eh bien, par Mahomet, tu marcheras! »

Un instant après, cette petite botte d'herbe était attachée à l'extrémité des brancards de la charrette, mais à une distance suffisante pour que l'âne, même en allongeant la tête, ne pût l'atteindre. Il arriva donc ceci : c'est que l'animal, sollicité par cet appât qui allait toujours se déplacer en avant de lui, se décida à marcher dans la direction de la passe.

« Très ingénieux! dit Van Mitten.

— Eh bien, imitez-le! » s'écria la noble Saraboul, en l'entraînant à la suite de la charrette.

Elle aussi, c'était un appât qui se déplaçait, mais un appât que Van Mitten, en cela bien différent de l'âne, redoutait surtout d'atteindre!

Tous, suivant la même direction, en troupe serrée, eurent bientôt abandonné le campement, où la position n'eût pas été tenable.

« Ainsi, Ahmet, dit Kéraban, à ton avis, ce Saffar, c'est bien le même insolent personnage qui, par pur entêtement, a fait écraser ma chaise de poste au railway de Poti?

— Oui, mon oncle, mais c'est, avant tout, le

misérable qui a fait enlever Amasia, et c'est à moi qu'il appartient !

— Part à deux, neveu Ahmet, part à deux, répondit Kéraban, et qu'Allah nous vienne en aide ! »

A peine le seigneur Kéraban, Ahmet et leurs compagnons avaient-ils remonté le défilé d'une cinquantaine de pas, que le sommet des roches se couronnait d'assaillants. Des cris étaient jetés dans l'air, des coups de feu éclataient de toutes parts.

« En arrière ! En arrière ! » cria Ahmet, qui fit reculer tout son monde jusqu'à la lisière du campement.

Il était trop tard pour abandonner les gorges de Nérissa, trop tard pour aller chercher sur les plateaux supérieurs une meilleure position défensive. Les hommes à la solde de Saffar, au nombre d'une douzaine, venaient d'attaquer. Leur chef les excitait à cette criminelle agression, et, dans la situation qu'ils occupaient, tout l'avantage était pour eux.

Le sort du seigneur Kéraban et de ses compagnons était donc absolument à leur merci.

« A nous ! à nous ! cria Ahmet, dont la voix domina le tumulte.

— Les femmes au milieu! » répondit Kéraban.

Amasia, Saraboul, Nedjeb, formèrent aussitôt un groupe, autour duquel Kéraban, Ahmet, Van Mitten, Yanar, Nizib et Bruno vinrent se ranger. Ils étaient six hommes pour résister à la troupe de Saffar, — un contre deux, — avec le désavantage de la position.

Presque aussitôt, ces bandits, en poussant d'horribles vociférations, firent irruption par la passe et roulèrent, comme une avalanche, au milieu du campement.

« Mes amis, cria Ahmet, défendons-nous jusqu'à la mort! »

Le combat s'engagea aussitôt. Tout d'abord, Nizib et Bruno avaient été touchés légèrement, mais ils ne rompirent pas, ils luttèrent, et non moins vaillamment que la courageuse Kurde, dont epistolet répondit aux détonations des assaillants.

Il était évident, d'ailleurs, que ceux-ci avaient ordre de s'emparer d'Amasia, de la prendre vivante, et qu'ils cherchèrent à combattre plutôt à l'arme blanche, afin de ne point avoir à regretter quelque maladroit coup de feu qui eût frappé la jeune fille.

Aussi, dans les premiers instants, malgré la

supériorité de leur nombre, l'avantage ne fut-il point à eux, et plusieurs tombèrent-ils très grièvement blessés.

Ce fut alors que deux nouveaux combattants, non des moins redoutables, apparurent sur le théâtre de la lutte.

C'étaient Saffar et Scarpante.

« Ah! le misérable! s'écria Kéraban. C'est bien lui! C'est bien l'homme du railway! »

Et plusieurs fois, il voulut le coucher en joue, mais sans y réussir, étant obligé de faire face à ceux qui l'attaquaient.

Ahmet et les siens, cependant, résistaient intrépidement. Tous n'avaient qu'une pensée : à tout prix sauver Amasia, à tout prix l'empêcher de retomber entre les mains de Saffar.

Mais, malgré tant de dévouement et de courage, il leur fallut bientôt céder devant le nombre. Aussi peu à peu, Kéraban et ses compagnons commencèrent-ils à plier, à se désunir, puis à s'acculer aux roches du défilé. Déjà le désarroi se mettait parmi eux.

Saffar s'en aperçut.

« A toi, Scarpante, à toi! cria-t-il en lui montrant la jeune fille.

— Oui! Seigneur Saffar, répondit Scarpante, et cette fois elle ne vous échappera plus! »

Profitant du désordre, Scarpante parvint à se jeter sur Amasia qu'il saisit et il s'efforça d'entraîner hors du campement.

« Amasia!... Amasia!... » cria Ahmet.

Il voulut se précipiter vers elle, mais un groupe de bandits lui coupa la route; il fut obligé de s'arrêter pour leur faire face.

Yanar essaya alors d'arracher la jeune fille aux étreintes de Scarpante : il ne put y parvenir, et Scarpante, l'enlevant entre ses bras, fit quelques pas vers le défilé.

Mais Kéraban venait d'ajuster Scarpante, et le traître tombait mortellement atteint, après avoir lâché la jeune fille, qui tenta vainement de rejoindre Ahmet.

« Scarpante!... mort!... Vengeons-le! s'écria le chef de ces bandits, vengeons-le! »

Tous se jetèrent alors sur Kéraban et les siens avec un acharnement auquel il n'était plus possible de résister. Pressés de toutes parts, ceux-ci pouvaient à peine faire usage de leurs armes.

« Amasia!... Amasia!... s'écria Ahmet, en essayant de venir au secours de la jeune fille, que Saffar venait enfin de saisir et qu'il entraînait hors du campement.

— Courage !... Courage !... » ne cessait de crier Kéraban.

Mais il sentait bien que les siens et lui, accablés par le nombre, étaient perdus !

En ce moment, un coup de feu, tiré du haut des roches, fit rouler l'un des assaillants sur le sol. D'autres détonations lui succédèrent aussitôt. Quelques-uns des bandits tombèrent encore, et leur chute jeta l'épouvante parmi leurs compagnons.

Saffar s'était arrêté un instant, cherchant à se rendre compte de cette diversion. Etait-ce donc un renfort inattendu qui arrivait au seigneur Kéraban ?

Mais déjà Amasia avait pu se dégager des bras de Saffar, déconcerté par cette subite attaque.

« Mon père !... Mon père !... criait la jeune fille.

C'était Sélim, en effet, Sélim, suivi d'une vingtaine d'hommes, bien armés, qui accourait au secours de la petite caravane, au moment même où elle allait être écrasée.

« Sauve qui peut ! » s'écria le chef des bandits, en donnant l'exemple de la fuite.

Et il disparut, avec les survivants de sa troupe, en se jetant dans la caverne, dont une seconde issue, on le sait, s'ouvrait au dehors.

« Lâches! s'écria Saffar en se voyant ainsi abandonné. Eh bien, on ne l'aura pas vivante! »

Et il se précipita sur Amasia, au moment où Ahmet s'élançait sur lui.

Saffar déchargea sur le jeune homme le dernier coup de son revolver : il le manqua. Mais Kéraban, qui n'avait rien perdu de son sang-froid, ne le manqua pas, lui. Il bondit sur Saffar, le saisit à la gorge, et le frappa d'un coup de poignard au cœur.

Un rugissement, ce fut tout. Saffar, dans ses dernières convulsions, ne put même pas entendre son adversaire s'écrier :

« Voilà pour t'apprendre à faire écraser ma voiture! »

Le seigneur Kéraban et ses compagnons étaient sauvés. A peine les uns ou les autres avaient-ils reçu quelques légères blessures. Et cependant, tous s'étaient bien comportés, — tous, — Bruno et Nizib, dont le courage ne s'était point démenti; le seigneur Yanar, qui avait vaillamment lutté; Van Mitten, qui s'était distingué dans la mêlée, et l'énergique Kurde, dont le pistolet avait souvent retenti au plus fort de l'action.

Toutefois, sans l'arrivée inexplicable de Sélim, c'en eût été fait d'Amasia et de ses défenseurs. Tous eussent péri, car ils étaient décidés à se faire tuer pour elle.

« Mon père!... mon père!... s'écria la jeune fille en se jetant dans les bras de Sélim.

— Mon vieil ami, dit Kéraban, vous... vous... ici?

— Oui!... Moi! répondit Sélim.

— Comment le hasard vous a-t-il amené?... demanda Ahmet.

— Ce n'est point un hasard! répondit Sélim, et, depuis longtemps déjà, je me serais mis à la recherche de ma fille, si, au moment où ce capitaine l'enlevait de la villa, je n'eusse été blessé...

— Blessé, mon père?

— Oui!... Un coup de feu parti de cette tartane! Pendant un mois, retenu par cette blessure, je n'ai pu quitter Odessa! Mais, il y a quelques jours, une dépêche d'Ahmet...

— Une dépêche? s'écria Kéraban, que ce mot malsonnant mit soudain en éveil.

— Oui... une dépêche... datée de Trébizonde!

— Ah! c'était une...

— Sans doute, mon oncle, répondit Ahmet, qui sauta au cou de Kéraban, et pour la première fois qu'il m'arrive d'envoyer un télégramme à votre insu, avouez que j'ai bien fait!

— Oui... mal bien fait! répondit Kéraban en hochant la tête, mais que je ne t'y reprenne plus, mon neveu!

— Alors, reprit Sélim, apprenant par cette dépêche que tout péril n'était peut être pas écarté pour votre petite caravane, j'ai réuni ces braves serviteurs, je suis arrivé à Scutari, je me suis lancé sur la route du littoral...

— Et par Allah! ami Sélim, s'écria Kéraban, vous êtes arrivé à temps!... Sans vous, nous étions perdus!... Et cependant, on se battait bien dans notre petite troupe!

— Oui! ajouta le seigneur Yanar, et ma sœur a montré qu'elle savait, au besoin, faire le coup de feu!

— Quelle femme! » murmura Van Mitten.

En ce moment, les nouvelles lueurs de l'aube commençaient à blanchir l'horizon. Quelques nuages, immobilisés au zénith, se nuançaient des premiers rayons du jour.

15.

« Mais où sommes-nous, ami Sélim, demanda le seigneur Kéraban, et comment avez-vous pu nous rejoindre dans cette région où un traître avait entraîné notre caravane...

— Et loin de notre route? ajouta Ahmet.

— Mais non mes amis, mais non! répondit Sélim. Vous êtes bien sur le chemin de Scutari, à quelques lieues seulement de la mer!

— Hein?... fit Kéraban.

— Les rives du Bosphore sont là! ajouta Sélim en tendant sa main vers le nord-ouest.

— Les rives du Bosphore? » s'écria Ahmet.

Et tous de gagner, en remontant les roches, le plateau supérieur qui s'étendait au-dessus des gorges de Nérissa.

« Voyez... voyez!... » dit Sélim.

En effet, un phénomène se produisait, en ce moment, — phénomène naturel qui, par un simple effet de réfraction, faisait apparaître au loin les parages tant désirés. A mesure que se faisait le jour, un mirage relevait peu à peu les objets situés au-dessous de l'horizon. On eût dit que les collines, qui s'arrondissaient à la lisière de la plaine, s'enfonçaient dans le sol comme une ferme de décor.

« La mer!... C'est la mer! » s'écria Ahmet!

Et tous de répéter avec lui :

« La mer!... La mer! »

Et, bien que ce ne fût qu'un effet de mirage, la mer n'en était pas moins là, à quelques lieues à peine.

« La mer!... La mer!... ne cessait de répéter le seigneur Kéraban. Mais, si ce n'est pas le Bosphore, si ce n'est pas Scutari, nous sommes au dernier jour du mois, et...

— C'est le Bosphore!... C'est Scutari!... » s'écria Ahmet.

Le phénomène venait de s'accentuer, et, maintenant, toute la silhouette d'une ville, bâtie en amphithéâtre, se découpait sur les derniers plans de l'horizon.

« Par Allah! c'est Scutari! répéta Kéraban. Voilà son panorama qui domine le détroit!... Voilà la mosquée de Buyuk Djami! »

Et, en effet, c'était bien Scutari, que Sélim venait de quitter trois heures auparavant.

« En route, en route! » s'écria Kéraban.

Et, comme un bon Musulman qui, en toutes choses, reconnait la grandeur de Dieu :

« *Ilah il Allah!* » ajouta-t-il en se tournant vers le soleil levant.

Un instant après, la petite caravane s'élançait vers la route qui longe la rive gauche du détroit. Quatre heures après, à cette date du 30 septembre, — dernier jour fixé pour la célébration du mariage d'Amasia et d'Ahmet, — le seigneur Kéraban, ses compagnons et son âne, après avoir achevé ce tour de la mer Noire, apparaissaient sur les hauteurs de Scutari et saluaient de leurs acclamations les rives du Bosphore.

XIV

DANS LEQUEL VAN MITTEN ESSAIE DE FAIRE COMPRENDRE LA SITUATION A LA NOBLE SARABOUL.

C'était en un des plus heureux sites qui se puisse rêver, à mi-côte de la colline sur laquelle se développe Scutari, que s'élevait la villa du seigneur Kéraban.

Scutari, ce faubourg asiatique de Constantinople, l'ancienne Chrysopolis, ses mosquées aux toits d'or, tout le bariolage de ses quartiers où se presse une population de cinquante mille habitants, son débarcadère flottant sur les eaux du détroit, l'immense rideau des cyprès de son cimetière, — ce champ de repos préféré des riches Musulmans, qui craignent que 'la capitale suivant une légende, ne soit prise pendant que les fidèles seront à la prière — puis, à une lieue de là, le mont Boulgourlou qui domine cet ensemble et permet à la vue de s'étendre sur la mer de Marmara, le golfe de Nicomédie, le canal de Constantinople, rien ne peut donner une idée de ce splendide panorama, unique au monde, sur lequel s'ouvraient les fenêtres de la villa du riche négociant.

A cet extérieur, à ces jardins en terrasse, aux beaux arbres, platanes, hêtres et cyprès qui les ombragent, répondait dignement l'intérieur de l'habitation. Vraiment, il eût été dommage de s'en défaire pour n'avoir point à payer quotidiennement les quelques paras auxquels étaient maintenant taxés les caïques du Bosphore !

Il était alors midi. Depuis trois heures environ, le maître de céans et ses hôtes étaient installés dans cette splendide villa. Après avoir refait leur toilette, ils s'y reposaient des fatigues et des émotions de ce voyage, Kéraban, tout fier de son succès, se moquant du Muchir et de ses impôts vexatoires ; Amasia et Ahmet, heureux comme des fiancés qui vont devenir époux ; Nedjeb, un perpétuel éclat de rire ; Bruno, satisfait en se disant qu'il rengraissait déjà, mais inquiet pour son maître ; Nizib, toujours calme, même dans les grandes circonstances, le seigneur Yanar, plus farouche que jamais, sans qu'on pût savoir pourquoi ; la noble Saraboul, aussi impérieuse qu'elle eût pu l'être dans la capitale du Kurdistan ; Van Mitten enfin, assez préoccupé de l'issue de cette aventure.

Si Bruno constatait déjà une certaine amélioration dans son embonpoint, ce n'était pas sans raison. Il y avait eu un déjeuner aussi abondant que magnifique. Ce n'était pas le fameux dîner auquel le seigneur Kéraban avait invité son ami Van Mitten, six semaines auparavant ; mais, pour être devenu un déjeuner, il n'en avait pas été moins superbe. Et maintenant, tous les convives, réunis dans le plus charmant salon de la villa, dont les larges baies s'ouvraient, sur le Bosphore, achevaient, dans une conversation animée, de se congratuler les uns les autres.

« Mon cher Van Mitten, dit le seigneur Kéraban, qui allait, venait, serrant la main à ses hôtes, c'était un dîner auquel je vous avais invité, mais il ne faut pas m'en vouloir si l'heure nous a obligés à...

— Je ne me plains pas, ami Kéraban, répondit le Hollandais. Votre cuisinier a bien fait les choses !

— Oui, très bonne cuisine, en vérité, très bonne cuisine! ajouta le seigneur Yanar, qui avait mangé plus qu'il ne convient, même à un Kurde de grand appétit.

— On ne ferait pas mieux au Kurdistan, répondit Saraboul, et si jamais, seigneur Kéraban, vous venez à Mossoul nous rendre visite…

— Comment donc? s'écria Kéraban, mais j'irai, belle Saraboul, j'irai vous voir, vous et mon ami Van Mitten!

— Et nous tâcherons de ne pas vous faire regretter votre villa,… pas plus que vous ne regretterez la Hollande, ajouta l'aimable femme en se retournant vers son fiancé.

— Près de vous, noble Saraboul!… » crut devoir répondre Van Mitten, qui ne parvint pas à finir sa phrase.

Puis, pendant que l'aimable Kurde se dirigeait du côté des fenêtres du salon, qui s'ouvraient sur le Bosphore :

« Le moment est venu, je crois, dit-il à Kéraban, de lui apprendre que ce mariage est nul!

— Aussi nul, Van Mitten, que s'il n'avait jamais été fait!

— Vous m'aiderez bien un peu, Kéraban, dans

cette tâche... qui ne laisse pas d'être scabreuse!

— Hum!... ami Van Mitten, répondit Kéraban, ce sont là de ces choses intimes... qu'on ne doit traiter qu'en tête-à-tête!

— Diable! » fit le Hollandais.

Et il alla s'asseoir dans un coin, pour chercher quel pourrait être le meilleur mode d'opérer.

« Digne Van Mitten, dit alors Kéraban à son neveu, quelle scène avec sa Kurdistane!

— Il ne faut pourtant pas oublier, répondit Ahmet, que c'est pour nous qu'il a poussé le dévouement jusqu'à l'épouser!

— Aussi lui viendrons-nous en aide, mon neveu! Bah! il était marié, au moment où, sous peine de prison, on l'a obligé à contracter ce nouveau mariage, et, pour un Occidental, c'est un cas de nullité absolue! Donc, il n'a rien à craindre... rien!

— Je le sais, mon oncle, mais, quand madame Saraboul recevra ce coup en pleine poitrine, quel bondissement de panthère trompée!... Et le beau-frère Yanar, quelle explosion de poudrière!

— Par Mahomet! répondit Kéraban, nous leur ferons entendre raison! Après tout, Van Mitten n'était coupable de quoi que ce soit, et, au caravansérail de Rissar, l'honneur de la noble Saraboul n'a jamais, de son fait, couru l'ombre d'un danger !

— Jamais, oncle Kéraban, et il est clair que cette tendre veuve cherchait à se remarier à tout prix !

— Sans doute, Ahmet. Aussi n'a-t-elle pas hésité à mettre la main sur ce bon Van Mitten !

— Une main de fer, oncle Kéraban !

— D'acier ! répliqua Kéraban.

— Mais enfin, mon oncle, s'il s'agit tout à l'heure de défaire ce faux mariage...

— Il s'agit aussi d'en faire un vrai, n'est-ce pas ? répondit Kéraban, en tournant et retournant ses mains l'une sur l'autre comme s'il les eût savonnées.

— Oui... le mien ! dit Ahmet.

— Le nôtre ! ajouta la jeune fille, qui venait de s'approcher. Nous l'avons bien mérité ?

— Bien mérité, dit Sélim.

— Oui, ma petite Amasia, répondit Kéraban, mérité dix fois, cent fois, mille fois ! Ah ! chère enfant ! quand je songe que, par ma faute, par mon entêtement, tu as failli...

— Bon ! Ne parlons plus de cela ! dit Ahmet.

— Non, jamais, oncle Kéraban! dit la jeune fille en lui fermant la bouche de sa petite main.

— Aussi, reprit Kéraban, j'ai fait vœu... Oui!... j'ai fait vœu... de ne plus m'entêter à quoi que ce soit!

— Je voudrais voir cela pour y croire! s'écria Nedjeb en partant d'un bel éclat de rire.

— Hein?... Qu'a-t-elle dit, cette moqueuse de Nedjeb?

— Oh! rien, seigneur Kéraban!

— Oui, reprit celui-ci, je ne veux plus jamais m'entêter... si ce n'est à vous aimer tous les deux!

— Quand le seigneur Kéraban renoncera à être le plus têtu des hommes!... murmura Bruno.

— C'est qu'il n'aura plus de tête! répondit Nizib.

— Et encore! » ajouta le rancunier serviteur de Van Mitten.

Cependant, la noble Kurde s'était rapprochée de son fiancé, qui restait tout pensif en son coin, trouvant sans doute sa tâche d'autant plus difficile qu'à lui seul incombait le soin de l'exécuter.

« Qu'avez-vous donc, seigneur Van Mitten? lui demanda-t-elle. Je vous trouve l'air soucieux!

— En effet, beau-frère! ajouta le seigneur Yanar.

Que faites-vous là? Vous ne nous avez pas amenés à Scutari pour n'y rien voir, j'imagine! Montrez-nous donc le Bosphore comme nous vous montrerons dans quelques jours le Kurdistan! »

A ce nom redouté, le Hollandais tressauta comme s'il eût reçu la secousse d'une pile électrique.

« Allons, venez, seigneur Van Mitten! reprit Saraboul en l'obligeant à se lever.

— A vos ordres... belle Saraboul!... Je suis entièrement à vos ordres! » répondit Van Mitten.

Et, mentalement, il se disait et se redisait .

« Comment lui apprendre?... »

A ce moment, la jeune Zingare, après avoir ouvert une des grandes baies du salon, qu'une riche tenture abritait des rayons du soleil, s'écriait joyeusement :

« Voyez!... Voyez!... Scutari est en grande animation!... ce sera très intéressant de s'y promener aujourd'hui! »

Les hôtes de la villa s'étaient avancés près des fenêtres.

« En effet, dit Kéraban, le Bosphore est couvert d'embarcations pavoisées! Sur les places et dans les rues, j'aperçois des acrobates, des jongleurs!...

On entend la musique, et les quais sont pleins de monde comme pour un spectacle !

— Oui, dit Sélim, la ville est en fête !

— J'espère bien que cela ne nous empêchera pas de célébrer notre mariage ? dit Ahmet.

— Non, certes ! répondit le seigneur Kéraban. Nous allons avoir à Scutari le pendant de ces fêtes de Trébizonde, qui semblaient avoir été données en l'honneur de notre ami Van Mitten !

— Il me plaisantera jusqu'au bout ! murmura le Hollandais. Mais c'est dans le sang ! Il ne faut pas lui en vouloir !

— Mes amis, dit alors Sélim, occupons-nous immédiatement de notre grande affaire ! C'est le dernier jour, aujourd'hui...

— Et ne l'oublions pas ! répondit Kéraban.

— Je vais chez le juge de Scutari, reprit Sélim, afin de faire préparer le contrat.

— Nous vous y rejoindrons ! répondit Ahmet. Vous savez, mon oncle, que votre présence est indispensable...

— Presque autant que la tienne ! s'écria Kéraban, en accentuant sa réponse d'un bon gros rire.

— Oui, mon oncle... plus indispensable encore, si vous le voulez bien... en votre qualité de tuteur !

— Eh bien, dit Sélim, dans une heure, rendez-vous chez le juge de Scutari! »

Et il sortit du salon, au moment où Ahmet ajoutait, en s'adressant à la jeune fille :

« Puis, après la signature chez le juge, chère Amasia, une visite à l'iman, qui nous dira sa meilleure prière... puis...

— Puis... nous serons mariés! s'écria Nedjeb, comme s'il se fût agi d'elle.

— Cher Ahmet! » murmura la jeune fille.

Cependant, la noble Saraboul s'était une seconde fois rapprochée de Van Mitten, qui, de plus en plus pensif, venait de s'asseoir dans un autre coin du salon.

« En attendant cette cérémonie, lui dit-elle, pourquoi ne descendrions-nous pas jusqu'au Bosphore?

— Le Bosphore?... répondit Van Mitten, l'air hébété. Vous parlez du Bosphore?

— Oui!... le Bosphore! reprit le seigneur Yanar. On dirait que vous ne comprenez pas!

— Si... si!... Je suis prêt, répondit Van Mitten en se relevant sous la main puissante de son beau-frère. Oui... le Bosphore!... Mais, auparavant, je désirerais... je voudrais...

— Vous voudriez ? répéta Saraboul.

— Je serais heureux d'avoir un entretien... particulier... avec vous... belle Saraboul !

— Un entretien particulier ?

— Soit ! Je vous laisse alors, dit Yanar.

— Non... restez, mon frère, répondit Saraboul, qui dévisageait son fiancé, restez !... J'ai comme un pressentiment que votre présence ne sera pas inutile !

— Par Mahomet, comment va-t-il s'en tirer ? murmura Kéraban à l'oreille de son neveu.

— Ce sera dur ! dit Ahmet.

— Aussi, ne nous éloignons pas, afin de soutenir, au besoin, les opérations de Van Mitten !

— Pour sûr, il va être mis en pièces ! » murmura Bruno.

Le seigneur Kéraban, Ahmet, Amasia et Nedjeb, Bruno et Nizib se dirigèrent vers la porte, afin de laisser la place libre aux combattants.

« Courage, Van Mitten ! dit Kéraban, qui serra la main de son ami en passant près de lui. Je ne m'éloigne pas, je vais me tenir dans la pièce à côté et veillerai sur vous.

— Courage, mon maître, ajouta Bruno, ou gare le Kurdistan ! »

Un instant après, la noble Kurde, Van Mitten, le seigneur Yanar, étaient seuls dans le salon, et le Hollandais, se grattant le front de l'index, se disait dans un *a parte* mélancolique :

« Si je sais de quelle façon commencer ! »

Saraboul alla franchement à lui :

« Qu'avez-vous à nous dire, seigneur Van Mitten ? demanda-t-elle d'un ton suffisamment contenu pour permettre à une discussion de commencer sans trop d'éclat.

— Allons ! Parlez ! dit plus durement Yanar.

— Si nous nous asseyions ? dit Van Mitten, qui sentait ses jambes se dérober sous lui.

— Ce que l'on peut dire assis, on peut le dire debout ! répliqua Saraboul. Nous vous écoutons ! »

Van Mitten, faisant appel à tout son courage, débuta par cette phrase dont les mots semblent combinés tout exprès pour les gens embarrassés :

« Belle Saraboul, soyez certaine que... tout d'abord... et bien malgré moi... je regrette...

— Vous regrettez ?... répondit l'impérieuse femme. Qu'est-ce que vous regrettez ?... Serait-ce votre mariage ? Il n'est, après tout, qu'une légitime réparation...

— Oh ! réparation !... réparation !... se risqua à

dire, mais à mi-voix, l'hésitant Van Mitten.

— Et moi aussi, je regrette... répliqua ironiquement Saraboul, oui certes!

— Ah! vous regrettez?...

— Je regrette que l'audacieux, qui s'est introduit dans ma chambre au caravansérail de Rissar, n'ait été ni le seigneur Ahmet!... »

Elle devait dire vrai, la veuve consolable, et ses regrets se comprendront de reste!

« Ni même le seigneur Kéraban! ajouta-t-elle. Au moins, c'eût été un homme que j'aurais épousé...

— Bien parlé, ma sœur! s'écria le seigneur Yanar.

— Au lieu d'un...

— Encore mieux parlé, ma sœur, quoique vous n'ayez pas cru devoir achever votre pensée!

— Permettez... dit Van Mitten, blessé d'une observation qui l'attaquait directement dans sa personne.

— Qui aurait jamais pu croire, ajouta Saraboul, que l'auteur de cet attentat eût été un Hollandais conservé dans la glace!

— Ah! à la fin, je m'insurge! s'écria Van Mitten, absolument froissé d'être assimilé à une conserve. Et, d'abord, madame Saraboul, il n'y a pas eu attentat!

— Vraiment? dit Yanar.

— Non, reprit Van Mitten, mais une erreur! Nous nous sommes, ou plutôt, sur un faux et peut-être perfide renseignement, je me suis trompé de chambre!

— En vérité! fit Saraboul.

— Un simple malentendu qu'il m'a fallu, sous peine de prison, réparer par un mariage... hâtif!

— Hâtif ou non!... répliqua Saraboul, vous n'en êtes pas moins marié... marié avec moi! Et, croyez-le bien, monsieur, ce qui a été commencé à Trébizonde, s'achèvera au Kurdistan!

— Oui!... Parlons-en du Kurdistan!... répondit Van Mitten, qui commençait à se monter.

— Et, comme je m'aperçois que la société de vos amis vous rend peu aimable à mon égard, aujourd'hui même nous quitterons Scutari, et nous partirons pour Mossoul, où je saurai bien vous infuser un peu de sang kurde dans les veines!

— Je proteste! s'écria Van Mitten.

— Encore un mot, et nous partons à l'instant!

— Vous partirez, madame Saraboul! répondit Van Mitten, dont la voix prit une inflexion légèrement ironique. Vous partirez, si cela vous convient, et personne ne songera à vous retenir!... Mais, moi, je ne partirai pas!

— Vous ne partirez pas? s'écria Saraboul, outrée de cette résistance inattendue d'un mouton en face de deux tigres.

— Non!

— Et vous avez la prétention de nous résister? demanda le seigneur Yanar, en se croisant les bras.

— J'ai cette prétention!

— A moi... et à elle, une Kurde!

— Fut-elle dix fois plus Kurde encore!

— Savez-vous bien, monsieur le Hollandais, dit la noble Saraboul en marchant vers son fiancé, savez-vous bien quelle femme je suis... et quelle femme j'ai été!... Savez-vous bien qu'à quinze ans, j'étais déjà veuve!

— Oui... déjà!... répéta Yanar, et quand on a pris cette habitude de bonne heure...

— Soit, madame! répondit Van Mitten. Mais savez-vous, à votre tour, ce que je vous défie de devenir jamais, malgré l'habitude que vous en pouvez avoir?

— C'est?...

— C'est de devenir veuve de moi!

— Monsieur Van Mitten, s'écria Yanar en portant la main à son yatagan, il suffirait pour cela d'un coup...

— C'est en quoi vous vous trompez, seigneur Yanar, et votre sabre ne ferait pas de madame Saraboul une veuve... par cette excellente raison que je n'ai jamais pu être son mari!

— Hein?

— Et que notre mariage même serait nul!

— Nul?

— Parce que, si madame Saraboul a le bonheur d'être veuve de ses premiers époux, je n'ai pas celui d'être veuf de ma première femme!

— Marié!... Il était marié!... s'écria la noble Kurde, mise hors d'elle-même par ce foudroyant aveu.

— Oui!... répondit Van Mitten, maintenant emballé dans la discussion, oui, marié! Et ce n'est que pour sauver mes amis, pour les empêcher d'être arrêtés au caravansérail de Rissar, que je me suis sacrifié!

— Sacrifié!... répliqua Saraboul, qui répéta ce mot en se laissant tomber sur un divan.

— Sachant bien que ce mariage ne serait pas

valable, continua Van Mitten, puisque la première madame Van Mitten n'est pas plus morte que je ne suis veuf... et qu'elle m'attend en Hollande! »

La fausse épouse outragée s'était relevée, et, se retournant vers le seigneur Yanar :

« Vous l'entendez, mon frère! dit-elle.

— Je l'entends!

— Votre sœur vient d'être jouée!

— Outragée!

— Et ce traître est encore vivant?...

— Il n'a plus que quelques instants à vivre!

— Mais ils sont enragés! s'écria Van Mitten, véritablement inquiet de l'attitude menaçante du couple kurde.

— Je vous vengerai, ma sœur! s'écria le seigneur Yanar, qui, la main haute, marcha vers le Hollandais.

— Je me vengerai moi-même! »

Et, ce disant, la noble Saraboul se précipita sur Van Mitten, en poussant des cris de fureur qui furent heureusement entendus du dehors.

XV

OU L'ON VERRA LE SEIGNEUR KÉRABAN PLUS TÊTU ENCORE QU'IL NE L'A JAMAIS ÉTÉ.

La porte du salon s'ouvrit aussitôt. Le seigneur Kéraban, Ahmet, Amasia, Nedjeb, Bruno, parurent sur le seuil.

Kéraban eut vite fait de dégager Van Mitten.

« Eh, madame ! dit Ahmet, on n'étrangle pas ainsi les gens... pour un malentendu !

— Diable ! murmura Bruno, il était temps d'arriver !

— Pauvre monsieur Van Mitten ! dit Amasia, qui éprouvait un sentiment de sincère commisération pour son compagnon de voyage.

— Ce n'est décidément pas la femme qu'il lui faut ! » ajouta Nedjeb en secouant la tête.

Cependant, Van Mitten reprenait peu à peu ses esprits.

« Cela a été dur? dit Kéraban.

— Un peu plus, j'y passais! » répondit Van Mitten.

En ce moment, la noble Saraboul revint sur le seigneur Kéraban, et, le prenant directement à parti :

« Et c'est vous qui vous êtes prêté, dit-elle, à cette....

— Mystification, répondit Kéraban d'un ton aimable. C'est le mot propre... mystification!

— Je me vengerai!.... Il y a des juges à Constantinople!...

— Belle Saraboul, répondit le seigneur Kéraban, n'accusez que vous-même! Vous vouliez bien, pour un prétendu attentat, nous faire arrêter et compromettre notre voyage! Eh! par Allah! on s'en tire comme on peut! Nous nous en sommes tirés par un prétendu mariage et nous avions droit à cette revanche, assurément! »

A cette réponse, Saraboul se laissa choir une seconde fois sur un divan, en proie à une de ces attaques de nerfs dont les femmes ont le secret, même au Kurdistan.

Nedjeb et Amasia s'empressèrent à la secourir.

« Je m'en vais!... Je m'en vais!... criait-elle au plus fort de sa crise.

— Bon voyage ! » répondit Bruno.

Mais voici qu'à ce moment Nizib parut sur le seuil de la porte.

« Qu'y a-t-il? demanda Kéraban.

— C'est une dépêche qu'on vient d'apporter du comptoir de Galata, répondit Nizib.

— Pour qui? demanda Kéraban.

— Pour monsieur Van Mitten, mon maître. Elle vient d'arriver aujourd'hui même.

— Donnez! » dit Van Mitten.

Il prit la dépêche, l'ouvrit, et en regarda la signature.

« C'est de mon premier commis de Rotterdam ! » dit-il.

Puis, lisant les premiers mots :

« *Madame Van Mitten... depuis cinq semaines... décédée...* »

La dépêche froissée dans sa main, Van Mitten demeura anéanti, et, pourquoi le cacher? ses yeux s'étaient subitement remplis de larmes.

Mais, sur ces derniers mots, Saraboul venait de se redresser subitement, comme un diable à ressort.

« Cinq semaines! s'écria-t-elle, à la fois heureuse et ravie. Il a dit cinq semaines!

— L'imprudent! murmura Ahmet, qu'avait-il

besoin de crier cette date et en ce moment !

— Donc, reprit Saraboul triomphante, donc, il y a dix jours, quaind je vous faisais l'honneur de me fiancer à vous...

— Mahomet l'étrangle ! s'écria Kéraban, peut-être un peu plus haut qu'il ne voulait.

— Vous étiez veuf, seigneur mon époux ! dit Saraboul avec l'accent du triomphe.

— Absolument veuf, seigneur mon beau-frère ! ajouta Yanar.

— Et notre mariage est valable ! »

A son tour, Van Mitten, écrasé par la logique de cet argument, s'était laissé tomber sur le divan.

« Le pauvre homme, dit Ahmet à son oncle, il n'a plus qu'à se jeter dans le Bosphore !

— Bon ! répondit Kéraban, elle s'y jetterait après lui et serait capable de le sauver... par vengeance ! »

La noble Saraboul avait saisi par le bras celui qui, cette fois, était bien sa propriété.

« Levez-vous ! dit-elle.

— Oui, chère Saraboul, répondit Van Mitten en baissant la tête... Me voici prêt !

— Et suivez-nous ! ajouta Yanar.

— Oui, cher beau-frère ! répondit Van Mitten,

absolument mâté et démâté. Prêt à vous suivre... où vous voudrez!

— A Constantinople, où nous nous embarquerons sur le premier paquebot! répondit Saraboul.

— Pour?..

— Pour le Kurdistan! répondit Yanar.

— Le Kur?... Tu m'accompagneras, Bruno!... On y mange bien!... Ce sera, pour toi, une véritable compensation! »

Bruno ne put que faire un signe de tête affirmatif.

Et la noble Saraboul et le seigneur Yanar emmenèrent l'infortuné Hollandais, que ses amis voulurent en vain retenir, tandis que son fidèle domestique le suivait en murmurant :

« Lui avais-je assez prédit qu'il lui arriverait malheur! »

Les compagnons de Van Mitten et Kéraban lui-même étaient restés anéantis, muets, devant ce coup de foudre.

« Le voilà marié! dit Amasia.

— Par dévouement pour nous! répondit Ahmet.

— Et pour tout de bon cette fois! ajouta Nedjeb.

— Il n'aura plus qu'une ressource au Kurdistan, dit Kéraban le plus sérieusement du monde.

— Ce sera, mon oncle?

— Ce sera, pour qu'elles se neutralisent, d'en épouser une douzaine de pareilles! »

En ce moment, la porte s'ouvrit, et Sélim parut, la figure inquiète, la respiration haletante, comme s'il eût couru à perdre haleine.

« Mon père, qu'avez-vous? demanda Amasia.

— Qu'est-il arrivé? s'écria Ahmet.

— Eh bien, mes amis, il est impossible de célébrer le mariage d'Amasia et d'Ahmet...

— Vous dites?

— A Scutari, du moins! reprit Sélim.

— A Scutari?

— Il ne peut se faire qu'à Constantinople!

— A Constantinople?... répondit Kéraban, qui ne put s'empêcher de dresser l'oreille. Et pourquoi?

— Parce que le juge de Scutari refuse absolument de faire enregistrer le contrat!

— Il refuse?... dit Ahmet.

— Oui!... sous ce prétexte que le domicile de Kéraban, et, par conséquent, celui d'Ahmet, n'est point à Scutari, mais à Constantinople!

— A Constantinople? répéta Kéraban, dont les sourcils commencèrent à se froncer.

— Or, reprit Sélim, c'est aujourd'hui le dernier

jour assigné au mariage de ma fille pour qu'elle puisse entrer en possession de la fortune qui lui a été léguée! Il faut donc, sans perdre un instant, nous rendre chez le juge qui recevra le contrat à Constantinople!

— Partons! dit Ahmet en se dirigeant vers la porte.

— Partons! ajouta Amasia qui le suivait déjà.

— Seigneur Kéraban, est-ce que cela vous contrarierait de nous accompagner? » demanda la jeune fille.

Le seigneur Kéraban était immobile et silencieux.

« Eh bien, mon oncle? dit Ahmet en revenant.

— Vous ne venez pas? dit Sélim.

— Faut-il donc que j'emploie la force? ajouta Amasia, qui prit doucement le bras de Kéraban.

— J'ai fait préparer un caïque, dit Sélim, et nous n'avons qu'à traverser le Bosphore!

— Le Bosphore? » s'écria Kéraban.

Puis, d'un ton sec :

« Un instant! dit-il, Sélim, est-ce que cette taxe de dix paras par tête est toujours exigée de ceux qui traversent le Bosphore?

— Oui, sans doute, ami Kéraban, dit Sélim. Mais, maintenant que vous avez joué ce bon tour aux autorités ottomanes, d'être allé de Constantinople à Scutari sans payer, je pense que vous ne refuserez pas...

— Je refuserai! répondit nettement Kéraban.

— Alors on ne vous laissera pas passer! reprit Sélim

— Soit!... Je ne passerai pas!

— Et notre mariage... s'écria Ahmet, notre mariage qui doit être fait aujourd'hui même?

— Vous vous marierez sans moi!

— C'est impossible! Vous êtes mon tuteur, oncle Kéraban, et, vous le savez bien, votre présence est indispensable!

— Eh bien, Ahmet, attends que j'aie fait établir mon domicile à Scutari... et tu te marieras à Scutari! »

Toutes ces réponses étaient envoyées d'un ton cassant, qui devait laisser peu d'espoir aux contradicteurs de l'entêté personnage.

« Ami Kéraban, reprit Sélim, c'est aujourd'hui le dernier jour... vous entendez bien, et toute la fortune qui doit revenir à ma fille, sera perdue, si... »

Kéraban fit un signe de tête négatif, lequel fut accompagné d'un geste plus négatif encore.

17

« Mon oncle, s'écria Ahmet, vous ne voudrez pas...

— Si l'on veut m'obliger à payer dix paras, répondit Kéraban, jamais, non, jamais je ne passerai le Bosphore! Par Allah! plutôt refaire le tour de la mer Noire pour revenir à Constantinople! »

Et en vérité, le têtu eût été homme à recommencer!

« Mon oncle, reprit Ahmet, c'est mal ce que vous faites là!... Cet entêtement, en pareille circonstance, permettez-moi de vous le dire, ne peut s'expliquer d'un homme tel que vous!... Vous allez causer le malheur de ceux qui n'ont jamais eu pour vous que la plus vive amitié!... C'est mal!

— Ahmet, fais attention à tes paroles! répondit Kéraban d'un ton sourd, qui indiquait une colère prête à éclater.

— Non, mon oncle, non!... Mon cœur déborde, et rien ne m'empêchera de parler!... C'est... c'est d'un mauvais homme!

— Cher Ahmet, dit alors Amasia, calmez-vous! Ne parlez pas ainsi de votre oncle!... Si cette fortune sur laquelle vous aviez le droit de compter vous échappe... renoncez à ce mariage!

— Que je renonce à vous, répondit Ahmet en

pressant la jeune fille sur son cœur! Jamais!... Non!... Jamais!... Venez!... Quittons cette ville pour n'y plus revenir! Il nous restera bien encore de quoi pouvoir payer dix paras pour passer à Constantinople! »

Et Ahmet, dans un mouvement dont il n'était plus maître, entraîna la jeune fille vers la porte.

« Kéraban?... dit Sélim, qui voulut tenter, une dernière fois, de faire revenir son ami sur sa détermination.

— Laissez-moi, Sélim, laissez-moi!

— Hélas! partons, mon père! » dit Amasia, jetant sur Kéraban un regard humide de larmes qu'elle retenait à grand'peine.

Et elle allait se diriger avec Ahmet vers la porte du salon, quand celui-ci s'arrêta.

« Une dernière fois, mon oncle, dit-il, vous refusez de nous accompagner à Constantinople, chez le juge, où votre présence est indispensable pour notre mariage?

— Ce que je refuse, répondit Kéraban, dont le pied frappa le parquet à le défoncer, c'est de jamais me soumettre à payer cette taxe!

— Kéraban! dit Sélim.

— Non! par Allah! Non!

— Eh bien, adieu, mon oncle! dit Ahmet. Votre entêtement nous coûtera une fortune!.. Vous aurez ruiné celle qui doit être votre nièce!.. Soit!... Ce n'est pas la fortune que je regrette!... Mais vous aurez apporté un retard à notre bonheur!... Nous ne nous reverrons plus! »

Et le jeune homme, entraînant Amasia, suivi de Sélim, de Nedjeb, de Nizib, quitta le salon, puis la villa, et, quelques instants après, tous s'embarquaient dans un caïque pour revenir à Constantinople.

Le seigneur Kéraban, resté seul, allait et venait en proie à la plus extrême agitation.

« Non! par Allah! Non! par Mahomet! se disait-il. Ce serait indigne de moi!... Avoir fait le tour de la mer Noire pour ne pas payer cette taxe, et, au retour, tirer de ma poche ces dix paras!... Non!... Plutôt ne jamais remettre le pied à Constantinople!... Je vendrai ma maison de Galata!... Je cesserai les affaires!... Je donnerai toute ma fortune à Ahmet pour remplacer celle qu'Amasia aura perdue!... Il sera riche... et moi... je serai pauvre... mais non! je ne céderai pas!... Je ne céderai pas! »

Et, tout en parlant ainsi, le combat qui se livrait en lui se déchaînait avec plus de violence.

« Céder!.. payer!.. répétait-il. Moi... Kéraban!.. Arriver devant le chef de police qui m'a défié... qui m'a vu partir... qui m'attend au retour... qui me narguerait à la face de tous en me réclamant cet odieux impôt!... Jamais! »

Il était visible que le seigneur Kéraban se débattait contre sa conscience, et qu'il sentait bien que les conséquences de cet entêtement, absurde au fond, retomberaient sur d'autres que lui!

« Oui!... reprit-il, mais Ahmet voudra-t-il accepter?... Il est parti désolé et furieux de mon entêtement!... Je le conçois!... Il est fier!... Il refusera tout de moi maintenant!... Voyons!... Je suis un honnête homme!... Vais-je par une stupide résolution empêcher le bonheur de ces enfants?... Ah! que Mahomet étrangle le Divan tout entier, et avec lui tous les Turcs du nouveau régime! »

Le seigneur Kéraban arpentait son salon d'un pas fébrile. Il repoussait du pied les fauteuils et les coussins. Il cherchait quelque objet fragile à briser pour soulager sa fureur, et bientôt deux potiches volèrent en éclats. Puis, il en revenait toujours là:

« Amasia... Ahmet... non!... Je ne puis pas être la cause de leur malheur... et cela, pour une question d'amour-propre!... Retarder ce mariage..., c'est l'empêcher, peut-être!... Mais... céder!... céder!... moi!... Ah! qu'Allah me vienne en aide! »

Et, sur cette dernière invocation, le seigneur Kéraban, emporté par une de ces colères qui ne peuvent plus se traduire ni par gestes ni par paroles, s'élança hors du salon.

XVI

OU IL EST DÉMONTRÉ UNE FOIS DE PLUS QU'IL N'Y A RIEN DE TEL QUE LE HASARD POUR ARRANGER LES CHOSES.

Si Scutari était en fête, si, sur les quais, depuis le port jusqu'au delà du Kiosque du sultan, il y avait foule, la foule n'était pas moins considérable de l'autre côté du détroit, à Constantinople, sur les quais de Galata, depuis le premier pont de bateaux jusqu'aux casernes de la place de Top'hané. Aussi bien les eaux douces d'Europe, qui forment le port de la Corne-d'Or, que les eaux amères du Bosphore, disparaissaient sous la flottille de caïques, d'embarcations pavoisées, de chaloupes à vapeur, chargées de Turcs, d'Albanais, de Grecs, d'Européens ou d'Asiatiques, qui faisaient un incessant va-et-vient entre les rives des deux continents.

Très certainement, ce devait être un attrayant et peu ordinaire spectacle que celui qui pouvait attirer un tel concours de populaire.

Donc, lorsque Ahmet et Sélim, Amasia et Nedjeb, après avoir payé la nouvelle taxe, débarquèrent à l'échelle de Top'hané, se trouvèrent-ils transportés dans un brouhaha de plaisirs, auquel ils étaient peu d'humeur à prendre part.

Mais, puisque le spectacle, quel qu'il fût, avait eu le privilège d'attirer une telle foule, il était naturel que le seigneur Van Mitten, — il l'était bien, maintenant, et seigneur kurde, encore! — sa fiancée, la noble Saraboul, et son beau-frère, le seigneur Yanar, suivis de l'obéissant Bruno, fussent au nombre des curieux.

Aussi, Ahmet, trouva-t-il sur le quai ses anciens compagnons de voyage. Était-ce Van Mitten qui promenait sa nouvelle famille, ou n'était-il pas plutôt promené par elle? Ce dernier cas paraît infiniment plus probable.

Quoi qu'il en fût, au moment où Ahmet les rencontra, Saraboul disait à son fiancé :

« Oui, seigneur Van Mitten, nous avons des fêtes encore plus belles au Kurdistan! »

Et Van Mitten répondait d'un ton résigné :

« Je suis tout disposé à le croire, belle Saraboul! »

Ce qui lui valut de Yanar cette très sèche réponse:

« Et vous faites bien! »

Cependant, quelques cris, — on eût même dit des cris qui dénotaient une certaine impatience, — se faisaient entendre parfois dans cette foule; mais Ahmet et Amasia n'y prêtaient guère attention.

« Non, chère Amasia, disait Ahmet, je connaissais bien mon oncle, et cependant je ne l'aurais jamais cru capable de pousser l'entêtement jusqu'à une telle dureté de cœur!

— Alors, dit Nedjeb, tant qu'il faudra payer cet impôt, il ne reviendra jamais à Constantinople?

— Lui?... jamais! répondit Ahmet.

— Si je regrette cette fortune que le seigneur Kéraban va nous faire perdre, dit Amasia, ce n'est pas pour moi, c'est pour vous, mon cher Ahmet, pour vous seul!

— Oublions tout cela... répondit Ahmet, et, pour le mieux oublier, pour rompre avec cet oncle intraitable, en qui j'avais vu un père jusqu'ici, nous quitterons Constantinople pour retourner à Odessa!

— Ah! ce Kéraban! s'écria Sélim qui était outré. Il serait digne du dernier supplice!

— Oui, répondit Nedjeb, comme, par exemple, d'être le mari de cette Kurde! Pourquoi n'est-ce pas lui qui l'a épousée? »

Il va sans dire que Saraboul, tout entière au

fiancé qu'elle venait de reconquérir, n'entendit pas cette désobligeante réflexion de Nedjeb, ni la réponse de Sélim, disant :

« Lui ?... il aurait fini par la dompter... comme, à force d'entêtement, il dompterait des bêtes féroces !

— Peut-être bien ! murmura mélancoliquement Bruno. Mais, en attendant, c'est mon pauvre maître qui est entré dans la cage ! »

Cependant, Ahmet et ses compagnons ne prenaient qu'un fort médiocre intérêt à tout ce qui se passait sur les quais de Péra et de la Corne-d'Or. Dans la disposition d'esprit où ils se trouvaient, cela les intéressait peu, et c'est à peine s'ils entendirent un Turc dire à un autre Turc :

« Un homme vraiment audacieux, ce Storchi ! Oser traverser le Bosphore... d'une façon...

— Oui, répondit l'autre en riant, d'une façon que n'ont point prévue les collecteurs chargés de percevoir la nouvelle taxe des caïques ! »

Mais, si Ahmet ne chercha même pas à se rendre compte de ce que se disaient ces deux Turcs, il lui fallut bien répondre, quand il s'entendit interpeller directement par ces mots :

« Eh ! voilà le seigneur Ahmet ! »

C'était le chef de police, — celui-là même dont le défi avait lancé le seigneur Kéraban dans ce voyage autour de la mer Noire, — qui lui adressait la parole.

« Ah! c'est vous, monsieur? répondit Ahmet.

— Oui... et tous nos compliments, en vérité! Je viens d'apprendre que le seigneur Kéraban a réussi à tenir sa promesse! Il vient d'arriver à Scutari, sans avoir traversé le Bosphore!

— En effet! répliqua Ahmet d'un ton assez sec.

— C'est héroïque! Pour ne pas payer dix paras, il lui en aura coûté quelques milliers de livres!

— Comme vous dites!

— Eh! le voilà bien avancé, le seigneur Kéraban! répondit ironiquement le chef de police. La taxe existe toujours, et, pour peu qu'il persiste encore dans son entêtement, il sera forcé de reprendre le même chemin pour revenir à Constantinople!

— Si cela lui plaît, il le fera! riposta Ahmet, qui, tout furieux qu'il fût contre son oncle, n'était pas d'humeur à écouter, sans y répondre, les moqueuses observations du chef de police.

— Bah! il finira par céder, reprit celui-ci, et il traversera le Bosphore!... Mais les préposés guettent les caïques et l'attendent au débarquement!... Et, à moins qu'il ne passe à la nage... ou en volant...

— Pourquoi pas, si cela lui convient?... » répliqua très sèchement Ahmet.

En ce moment, un vif mouvement de curiosité agita la foule. Un murmure plus accentué se fit entendre. Tous les bras se tendirent vers le Bosphore, en convergeant vers Scutari. Toutes les têtes étaient en l'air.

« Le voilà!... Storchi!... Storchi! »

Des cris retentirent bientôt de toutes parts.

Ahmet et Amasia, Sélim et Nedjeb, Saraboul, Van Mitten et Yanar, Bruno et Nizib se trouvaient alors à l'angle que fait le quai de la Corne-d'Or, près de l'échelle de Top'hané, et ils purent voir quel émouvant spectacle était offert à la curiosité publique.

Du côté de Scutari, hors des eaux du Bosphore, environ à six cents pieds de la rive, s'élève une tour qui est improprement appelée Tour de Léandre. En effet, c'est l'Hellespont, c'est-à-dire le détroit actuel des Dardanelles, que ce célèbre nageur traversa entre Sestos et Abydos pour aller rejoindre Héro, la charmante prêtresse de Vénus,

—exploit qui fut renouvelé, il y a quelque soixante ans, par lord Byron, fier comme peut l'être un Anglais d'avoir franchi en une heure dix minutes les douze cents mètres qui séparent les deux rives.

Est-ce que ce haut fait allait être renouvelé, à travers le Bosphore, par quelque amateur, jaloux du héros mythologique et de l'auteur du *Corsaire*? Non.

Une longue corde était tendue entre les rives de Scutari et la tour de Léandre, dont le nom moderne est Keuz-Koulessi, — ce qui signifie Tour de la Vierge. De là, cette corde, après avoir repris un point d'appui solide, traversait tout le détroit sur une longueur de treize cents mètres, et venait se rattacher à un pylone de bois, dressé à l'angle du quai de Galata et de la place de Top'hané.

Or, c'était sur cette corde qu'un célèbre acrobate, le fameux Storchi, — un émule du non moins fameux Blondin, — allait tenter de franchir le Bosphore. Il est vrai que, si Blondin, en traversant ainsi le Niagara, eût absolument risqué sa vie dans une chute de près de cent cinquante pieds au milieu des irrésistibles rapides de la rivière, ici, dans ces eaux tranquilles, Storchi, en cas d'accident, devait en être quitte pour un plongeon dont il se retirerait sans grand mal.

Mais, de même que Blondin avait accompli sa traversée du Niagara en portant un très confiant ami sur ses épaules, de même Storchi allait suivre cette route aérienne avec un de ses confrères en gymnastique. Seulement, s'il ne le portait pas sur son dos, il allait le véhiculer dans une brouette, dont la roue, creusée en gorge à sa jante, devait mordre plus solidement tout le long de la corde tendue.

On en conviendra, c'était là un curieux spectacle : treize cents mètres au lieu des neuf cents pieds du Niagara ! Chemin long et propice à plus d'une chute !

Cependant, Storchi avait paru sur la première partie de la corde, qui réunissait la rive asiatique à la Tour de la Vierge. Il poussait son compagnon devant lui, dans la brouette, et il arriva, sans accidents, au phare placé au sommet de Keuz-Koulessi.

De nombreux hurrahs saluèrent ce premier succès.

On vit alors le gymnaste redescendre adroitement la corde qui, si fortement qu'on l'eût tendue, se courbait en son milieu presque à toucher les eaux du Bosphore. Il brouettait toujours son confrère, s'avançant d'un pied sûr, et conservant son équilibre avec une imperturbable adresse. C'était vraiment superbe!

Lorsque Storchi eut atteint le milieu du trajet, les difficultés devinrent plus grandes, car il s'agissait alors de remonter la pente pour arriver au sommet du pylone. Mais les muscles de l'acrobate étaient vigoureux, ses bras et ses jambes fonctionnaient merveilleusement, et il poussait toujours la brouette, où se tenait son compagnon immobile, impassible, aussi exposé et aussi brave que lui, à coup sûr, et qui ne se permettait pas un seul mouvement de nature à compromettre la stabilité du véhicule.

Enfin, un concert d'admiration et un cri de soulagement éclatèrent!

Storchi était arrivé, sain et sauf, à la partie supérieure du pylone, et il en descendait, ainsi que son confrère, par une échelle qui aboutissait à l'angle du quai, où Ahmet et les siens se trouvaient placés.

L'audacieuse entreprise avait donc pleinement réussi, mais, on en conviendra, celui que Storchi venait de brouetter de la sorte avait bien droit à la moitié des bravos que l'Asie, en leur honneur, envoyait à l'Europe.

Mais, quel cri fut alors poussé par Ahmet! Devait-il, pouvait-il en croire ses yeux? Ce compagnon du célèbre acrobate, après avoir serré la main de Storchi, s'était arrêté devant lui et le regardait en souriant.

« Kéraban, mon oncle Kéraban!... » s'écria Ahmet, pendant que les deux jeunes filles, Saraboul, Van Mitten, Yanar, Sélim, Bruno, tous se pressaient à ses côtés.

C'était le seigneur Kéraban en personne!

« Moi-même, mes amis, répondit-il avec l'accent du triomphe, moi-même qui ai trouvé ce brave gymnaste prêt à partir, moi qui ai pris la place de son compagnon, moi qui ai passé le Bosphore!... non!... par-dessus le Bosphore, pour venir signer à ton contrat, neveu Ahmet!

— Ah! seigneur Kéraban!... mon oncle! s'écriait Amasia. Je savais bien que vous ne nous abandonneriez pas!

— C'est bien, cela! répétait Nedjeb en battant des mains.

— Quel homme! dit Van Mitten! On ne trouverait pas son pareil dans toute la Hollande !

— C'est mon avis ! répondit assez sèchement Saraboul.

— Oui ! j'ai passé, et sans payer, reprit Kéraban en s'adressant cette fois au chef de police, oui ! sans payer..., si ce n'est deux mille piastres que m'a coûté ma place dans la brouette et les huit cent mille dépensées pendant le voyage !

— Tous mes compliments, » répondit le chef de police, qui n'avait pas autre chose à faire qu'à s'incliner devant un entêtement pareil.

Les cris d'acclamation retentirent alors de toutes parts en l'honneur du seigneur Kéraban, pendant que ce bienfaisant têtu embrassait de bon cœur sa fille Amasia et son fils Ahmet.

Mais il n'était point homme à perdre son temps, — même dans l'enivrement du triomphe.

« Et maintenant, allons chez le juge de Constantinople ! dit-il.

— Oui, mon oncle, chez le juge, répondit Ahmet. Ah ! vous êtes bien le meilleur des hommes !

— Et, quoi que vous en disiez, répliqua le seigneur Kéraban, pas entêté du tout...à moins qu'on ne me contrarie ! »

Il est inutile d'insister sur ce qui se passa ensuite. Ce jour-même, dans l'après-midi, le juge recevait le contrat, puis, l'iman disait une prière à la mosquée, puis, on rentrait à la maison de Galata, et, avant que le minuit du 30 de ce mois fut sonné, Ahmet était marié, bien marié, à sa chère Amasia, à la richissime fille du banquier Sélim.

Le soir même, Van Mitten, anéanti, se préparait à partir pour le Kurdistan en compagnie du seigneur Yanar, son beau-frère, et de la noble Saraboul, dont une dernière cérémonie, en ce pays lointain, allait faire définitivement sa femme.

Au moment des adieux, en présence d'Ahmet, d'Amasia, de Nedjeb, de Bruno, il ne put s'empêcher de dire avec un doux reproche à son ami :

« Quand je pense, Kéraban, que c'est pour n'avoir pas voulu vous contrarier que me voilà marié... marié une seconde fois !

— Mon pauvre Van Mitten, répondit le seigneur Kéraban, si ce mariage devient autre chose qu'un rêve, je ne me le pardonnerai jamais !

— Un rêve !... reprit Van Mitten ! Est-ce que cela a l'air d'un rêve ! Ah ! sans cette dépêche !... »

Et, en parlant ainsi, il tirait de sa poche la

dépêche froissée, et il la parcourait machinalement.

— Oui!... Cette dépêche... « *Madame Van Mitten, depuis cinq semaines, décédée... à rejoindre...*

— Décédée à rejoindre?... s'écria Kéraban. Qu'est-ce que cela signifie? » Puis, lui arrachant la dépêche des mains, il lisait :

« *Madame Van Mitten, depuis cinq semaines, décidée à rejoindre son mari, est partie pour Constantinople.* » Décidée!... pas décédée!

— Il n'est pas veuf! »

Ces mots s'échappaient de toutes les bouches, pendant que Kéraban s'écriait, non sans raison cette fois :

« Encore une erreur de ce stupide télégraphe!... Il n'en fait jamais d'autres!

— Non! pas veuf!... pas veuf!... répétait Van Mitten, et trop heureux de revenir à ma première femme... par peur de la seconde! »

Quand le seigneur Yanar et la noble Saraboul apprirent ce qui s'était passé, il y eut une explosion terrible. Mais enfin il fallut bien se rendre. Van Mitten était marié, et, le jour même, il retrouvait sa première, son unique femme, qui lui apportait, en guise de réconciliation, un magnifique oignon de *Valentia*.

« Nous aurons mieux, ma sœur, dit Yanar pour consoler l'inconsolable veuve, mieux que...

— Que ce glaçon de Hollande!... répondit la noble Saraboul, et ce ne sera pas difficile! »

Et ils repartirent tous deux pour le Kurdistan, mais il est probable qu'une généreuse indemnité de déplacement, offerte par le riche ami de Van Mitten contribua à leur rendre moins pénible leur retour en ce pays lointain.

Mais enfin, le seigneur Kéraban ne pouvait avoir toujours une corde tendue de Constantinople à Scutari pour passer le Bosphore. Renonça-t-il donc à le jamais traverser?

Non! Pendant quelque temps, il tint bon et ne bougea pas. Mais, un jour, il alla tout simplement offrir au gouvernement de lui racheter ce droit sur les caïques. L'offre fut acceptée. Cela lui coûta gros sans doute, mais il devint plus populaire encore, et les étrangers ne manquent jamais de rendre maintenant visite à Kéraban-le-Têtu, comme à l'une des plus étonnantes curiosités de la capitale de l'Empire Ottoman.

FIN DE LA DEUXIÈME PARTIE.

TABLE DES MATIÈRES

DEUXIÈME PARTIE

I.	— Dans lequel on retrouve le seigneur Kéraban, furieux d'avoir voyagé en chemin de fer. .	1
II.	— Dans lequel Van Mitten se décide à céder aux obsessions de Bruno et ce qui s'en suit .	2
III.	— Dans lequel Bruno joue à son camarade Nizib un tour que le lecteur voudra bien lui pardonner.	52
IV.	— Dans lequel tout se passe au milieu des éclats de la foudre et de la fulguration des éclairs.	70
V.	— De quoi l'on cause et ce que l'on voit sur la route d'Atina à Trébizonde.	88
VI.	— Où il est question de nouveaux personnages que le seigneur Kéraban va rencontrer au caravansérail de Rissar	110
VII.	— Dans lequel le juge de Trébizonde procède à son enquête d'une façon assez ingénieuse.	130
VIII.	— Qui finit d'une manière très inattendue, surtout pour l'ami Van Mitten.	145
IX.	— Dans lequel Van Mitten, en se fiançant à la noble Saraboul, a l'honneur de devenir beau-frère du seigneur Yanar	164
X.	— Pendant lequel les héros de cette histoire ne perdent ni un jour ni une heure.	185

XI.	— Dans lequel le seigneur Kéraban se range à l'avis du guide, un peu contre l'opinion de son neveu Ahmet.	206
XII.	— Dans lequel il est rapporté quelques propos échangés entre la noble Saraboul et son nouveau fiancé	223
XIII.	— Dans lequel, après avoir tenu tête à son âne, le seigneur Kéraban tient tête à son plus mortel ennemi	242
XIV.	— Dans lequel Van Mitten essaie de faire comprendre la situation à la noble Saraboul.	265
XV.	— Où l'on verra le seigneur Kéraban plus têtu encore qu'il ne l'a jamais été	282
XVI.	— Où il est démontré une fois de plus qu'il n'y a rien de tel que le hasard pour arranger les choses.	295

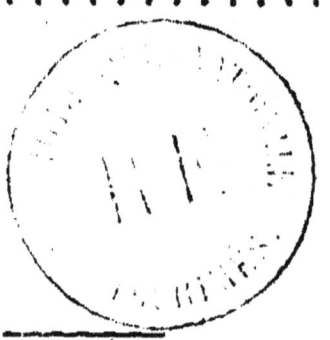

www.ingramcontent.com/pod-product-compliance
Lightning Source LLC
Chambersburg PA
CBHW071505160426
43196CB00010B/1434